Hahnenfeder

Damals in Meiderich

Damals in Meiderich

Geschichten von gestern

Band III

Schreibwerkstatt Hahnenfeder

Werner Maistrak ◆ Friedel Lubitz ◆ Helmut Willmeroth ◆ Dieter Lesemann

edition kulturwerkstatt

Die Feder und das Tintenfass

(sehr frei nach Marquesa de Alorna, Portugal 1750-1839)

Die Feder, noch von Tinte nass,
blickt stolz hinab zum Tintenfass:
„Bedeutendes bracht ich zu Papier.
Und du? Du stehst nur hier,
schmutzig, schwarz, erbärmelich!
Sag, was wärst du ohne mich?"

Das Geschmähte neiget sich zur Seit',
heraus fließt schwarze Flüssigkeit
und macht, so wollte es das Fass,
Pult und Stubenboden nass.
In dem es fällt, da ruft es noch:
„Nun schreibe doch! Nun schreibe doch!"

Nun wurd' der Feder plötzlich klar:
Ohn' Tintenfass sie gar nichts war!
Der Vernunft galt nun ihr Dank:
„Von Arroganz war ich ganz krank.
Erkannte nicht, was wirklich wahr:
Fass und Feder sind ein Paar!"

Die ‚Hahnenfeder' will Geschichten schreiben,
damit sie in Erinn'rung bleiben.
So stellt sich dann für viele dar,
wie's früher mal in Meid'rich war.
Doch wem nützt, was aus der Feder fließt,
wenn's niemand hört oder liest?

Mit dem Schreiber und dem Publikum
ist's wie bei Fass und Feder d'rum:
Sie gehören zusammen, sind ein Paar,
der eine ist für den and'ren da.
So wird's für beide zum Gewinn,
so ergeben die Geschichten Sinn.

(Hahnenfeder)

Damals in Meiderich
Geschichten von gestern, Band III
Schreibwerkstatt Hahnenfeder in der Kulturwerkstatt Meiderich
Werner Maistrak ◆ Friedel Lubitz ◆ Helmut Willmeroth ◆ Dieter Lesemann
Herausgeber: Klaus Happel
Reihe *edition kulturwerkstatt*
Layout, Design, Cover-Design by Transmedia Publishing
Produced by Transmedia Publishing 2020
ISBN 978-3942961509

VORWORT

Vier schreiblustige Meidericher, Werner Maistrak, Friedel Lubitz, Helmut ‚Clemens' Willmeroth und Dieter Lesemann, haben sich zur Meidericher Schreibwerkstatt ‚Hahnenfeder' zusammengetan und der Kulturwerkstatt Meiderich angeschlossen.

Sie wollen Geschichten und Geschichtliches aus Meiderich aufschreiben, sammeln und bearbeiten und dann und wann Kostproben ihrer Arbeit auf Lesungen vortragen und das Gelesene als Buchreihe vorlegen.

Im Oktober 2018 erschien Band II der Buchreihe. Jetzt, zwei Jahre später, kann die ‚Hahnenfeder' bereits den 3. Band vorlegen.

Erstmals sind Geschichten von Kindern der Meidericher Grundschulen Zoppenbrückschule und Heinrich-Bongers-Schule in unserem neuen Buch veröffentlicht. Viertklässler haben im Rahmen des ‚Kükenflaum'-Projekts der ‚Hahnenfeder' ihre aufregenden, spannenden, lustigen oder traurigen Geschichten, die sie in Meiderich erlebt haben, aufgeschrieben. Die 12 schönsten haben wir ausgewählt und in unser Buch aufgenommen.

Die Autoren der ‚Hahnenfeder':

Werner Maistrak, langjähriger Vorsitzender der IMV (Interessengemeinschaft Meidericher Vereine) und rühriger Aktivist im Stadtteil, hatte sich zuvor als Autor mit der Geschichte des Vereinslebens in Meiderich beschäftigt. Sein Buch „Meiderich – Alltags- und Vereinsgeschichte 1800 bis 1945" ist im Frühjahr 2016 im Sutton-Verlag erschienen.

Friedel Lubitz war bis zu seiner Pensionierung Lehrer an der Bronkhorstschule in Meiderich. Sein Buch „Null Bock auf Schule", in dem er über Erfahrungen, Ereignisse und Erlebnisse eines Hauptschullehrers mit Schulverweigerern in Duisburg berichtet, ist im Sommer 2015 erschienen. In seinem zweiten Buch „Lehrer a.D. – Schule ade" (erschienen 2019) berichtet er von persönlichen Erlebnissen und Erfahrungen mit Schülern an seiner Schule.

Helmut ‚Clemens' Willmeroth, der vielen noch aus seiner lange Jahre währenden Tätigkeit im Bereich „Schule-Sport-Kultur" im Bezirksamt Meiderich/Beeck und als städtischer ‚Macher' zahlreicher kultureller Veranstaltungen in Meiderich bekannt ist, verfügt über einen schier unerschöpflichen Schatz von Meidericher Anekdoten, die noch Bände füllen können.

Dieter Lesemann war Lehrer und Didaktischer Leiter an der Gesamtschule Meiderich. 26 Jahre leitete er den Arbeitskreis Schule und Stadtteil. Seine Büttenreden als Schulmeister erfreuen die Meidericher Karnevalisten. Sein Buch „Möhren untereinander" über Kindertage in Meiderich von 1949 – 1964 erschien 2019. Ein Buch über Meiderichs bäuerliche Vergangenheit will er im Juni 2021 vorlegen.

Die „Hahnenfeder" liest in der Regel in der Kulturwerkstatt Meiderich. Darüber hinaus gibt es auch ‚Lesungen an historischen Orten' in Meiderich sowie ‚Open – Air - Lesungen' und – auf Wunsch – auch Lesungen in Meidericher Einrichtungen.

Wie es ‚damals in Meiderich' war, zeigen die ‚Geschichten von gestern'. Sie sollen nicht vergessen werden.

Bild 1   Die Hahnenfeder mit den Kükenflaum-Kindern

Die ‚Hahnenfeder' (hinten von links: Werner Maistrak, Dieter Lesemann, Friedel Lubitz und Helmut Willmeroth bei der Lesung im Mai 2019 im Rahmen ihres ‚Kükenflaum'-Projekts in der Kulturwerkstatt Meiderich.
Kinder der 4. Klassen der Meidericher Grundschulen (vorne von links: Deniz, Joel, Azra, Diana und Sophie) lasen ihre ‚Meiderich'-Geschichten. Die Autoren der ‚Hahnenfeder' ergänzten um Geschichten aus ihrer Kindheit.

Inhalt

I Aus der Meidericher Geschichte — 15

Glück auf, Meiderich! — 15
Wo war Wilhelm? — 20
Die kirchliche Mäuseplage — 21
Talentschmiede Lösort — 22
Ein Witz für den Schiedsrichter — 28
Die Ruhrorter Musikanten — 29
Ein Protokollant mit Rechtschreibschwäche? — 32
Ein neuer Name für meine Schule — 33
Untermeiderich – wo liegt das denn eigentlich? — 35
Von der Sonne direkt in die Steckdose — 37
50 Jahre in Meiderich: Minigolf und mehr — 42

II Kindheitserinnerungen — 44

Packpapier zu Pergament — 44
Schwarzbrotschnitte mit Quark — 46
Nächster Halt: Schiefbahn — 47
Kohlenklau — 49
Die HaWeRaCa-Gilde — 51
Gräflicher Besuch auf der Lösorter Straße 24 — 53
Foul ist, wenn's blutet! — 55
So spielten Kinder ab 1945 — 57
Mein erster Aufsatz — 58
Schönschreiben bei Frau Schweer — 61
Das Feuerspiel — 63

III Kükenflaum – Geschichten — 65

Abenteuer in der Siedlung — 65
Arno, der Fernsehheld — 66
Das Schwimmbad am Zuschlag — 67
Der Stadtpark — 67
Der Schwarze Weg — 68
Die Von-der-Mark-Straße — 69
Einlaufen beim MSV — 70
Fahrradfahren in Meiderich — 71
Spielen vor der Haustüre — 72
Das brennende Auto — 72
Auf einmal war es nicht mehr lustig! — 73
Im Landschaftspark Duisburg-Nord — 73

IV Menschen in Meiderich 75

„Grasfriseure" 75
Knüddelkes-Papp und Mutterklötzkes 78
Vom Gerhardplatz in die Nationalmannschaft 80
Erinnerungen vor einem nicht mehr vorhandenen Grab 82
Das Wunder von Obermeiderich 83
Der Hüter des Schatzes 85
Geht es allen Rentnern so? 87
Heinz-Schäffler – Motor der DJK Lösort Meiderich 88
Als die kleine Martina mitspielte 90
Der Lebensretter 92
Schicksalstänze 93
Schreiner Bleckmann 95
Bello hat Ärger mit dem MSV 96
Tanz der Vampire 99
Wilhelm Lehmbruck - Meidericher Künstler von Weltrang 100
Vom Tanzanfänger zur Deichelfe – eine Tanzgeschichte 101
Denk-Würdige Gedenkstätten 104
Eine Dose Sojabohnen in der Sporttasche 107
Glück gehabt! - Was ist eigentlich Glück? 109

V In der Weihnachtszeit 111

Ein ganz normales Weihnachtsfest (1954) 111
Adeste fideles 113
Die Geschichte vom Lametta 115
O du fröhliche…nicht nur zur Weihnachtszeit 119
Mein schönster Weihnachtsbaum 120
Jedes Jahr – ein „Bunter Teller" 122
Die Schiffe tuten noch 123

Bild / Quellenverzeichnis 128

Die Hahnenfeder bedankt sich herzlich bei den Gastautor*innen Rosemarie Hanke, Heinz Lauter, Ferdinand Philippi, Heinz Pitz, Wilhelm Radermacher, Richard Weber, Siegfried Zerulla und nicht zuletzt bei den Meidericher Kindern des Kükenflaum-Projekts, die sich mit ihren Ideen und Texten an diesem Buch beteiligt haben.

Bild 2   Hermann Fengels

Zu ganz besonderem Dank sind wir darüber hinaus auch in diesem dritten Band unserer Buchreihe wieder Hermann Fengels verpflichtet, der die Ideen zu einer Reihe unserer Texte hatte und sie in Meierksch Platt oder Hochdeutsch aufgeschrieben und unserer Sammlung zur Verfügung gestellt hat.

I Aus der Meidericher Geschichte

Glück auf, Meiderich!

Von Dieter Lesemann

Dem Großeicken-Bauern ist im Sommer 1848 seine treue Hofhündin Fee gestorben. Johann Mertens, in Diensten des Bauern, bekommt den Auftrag, den Hund auf dem kleinen, seit Jahren ungenutzten Stück Feld nahe dem Likeweg (Leichenweg, heute Westender Straße) in die Erde zu bringen. Über den Likeweg wurden früher die Toten Dümptens ins Kirchdorf Meiderich gebracht. Den toten Hund auf dem Karren, mit einem groben Tuch abgedeckt, und mit Spitzhacke und Schüppe macht sich Johann auf den Weg zu dem bezeichneten Feldstück.

Es ist heiß, und Johann kommt beim Ausheben des Hundegrabes ordentlich ins Schwitzen, zumal der Boden ihm einiges abverlangt. Immer wieder hat er mit steinharten schwarzen Klumpen zu kämpfen. Gerade bevor die Sonne ihren höchsten Stand erreicht, ist der Hund beerdigt. Die übrig gebliebenen Erdklumpen will Johann mit zum Hof nehmen, wo er eine kleinere Erdabsenkung entdeckt hat. Er schippt sie auf seinen Karren. Dann macht er sich auf den Weg zurück, um dem Bauern Vollzug zu melden und freut sich schon auf seine schattige Mittagspause.

Als der Großeicken-Bauer nachmittags in seine Scheune kommt, versperrt ihm Johanns Karren den Weg zu seiner Egge, an der eine kleine Reparatur fällig ist. Als er die Karre zur Seite schiebt, fällt sein Blick auf die schwarzen Klumpen darin, die er schnell als Kohlestücke ausmacht.

Mit schnellen Schritten sucht er nach Johann und findet ihn bei der Reparatur eines Weidezauns. Schon aus einiger Entfernung ruft er ihm zu: „Johann, wo genau hast du den Hund beerdigt?" Dann gehen sie, ausgerüstet mit Grabewerkzeug, zu der Stelle, wo Fee ihre letzte Ruhestätte gefunden hat. Sie müssen nicht lange graben, um sich weitere Kohlefunde, meist unmittelbar an der Erdoberfläche, zuzurufen.

Bis zum beginnenden Winter ist die Kohlegewinnung auf dem Gelände des Großeicken-Bauern so ergiebig, dass er seine Feuerstätten weitgehend mit Kohle betreiben kann und somit mit deutlich weniger Holz auskommt. Ja, er kann sogar Kohle an Meidericher Höfe und kleine Handwerksbetriebe, wie zum Beispiel Schmieden, verkaufen. Andere Landbesitzer in der Nähe machten ähnliche Kohlefunde und steigen ebenfalls in den kleinen Kohlehandel ein.

Anfang der 1850er Jahre bekommt die Ruhrort-Mining-Company Wind von der Existenz der Kohle. Sie legt eine Mutung (Antrag, nach Kohle bohren zu dürfen) bei der zuständigen Bergbaubehörde ein und beginnt mit Kaufverhandlungen mit den Besitzern der Schürffelder. 1853 verkauft der Großeicken-Bauer - der Hof wird inzwischen von der Familie Böllert bewirtschaftet - schließlich seine Ländereien zu einem sehr guten Preis. Der Großeickenhof/Böllerthof in Dümpten ist der erste Hof Meiderichs, der zugunsten der Industrie verschwindet.

1856 beginnt die Ruhrort-Mining-Company mit der Abteufung des Schachtes 1, der den Namen ‚Jacobine' erhält. 1858 erreicht der Bohrer in gut 100 Metern Tiefe das Karbongebirge, setzt eine Sohle an und baut in dem dort vorhandenen Flöz Kohle ab. Da man vermutet, dass hier das westlichste Ende der Kohlevorkommen erreicht sein würde und es zu der Zeit keine westlichere Zeche im Ruhrgebiet gibt, wird die Zeche *Westende* genannt. Die Ruhrort-Mining-Company gerät aber bald in finanzielle Schwierigkeiten und bereits ein Jahr später werden alle Arbeiten eingestellt, und der Schacht säuft ab.

Versuche, das Bergwerk wieder in Betrieb zu nehmen, scheitern immer wieder, bis 1870 die *Société Anonyme des Carbonnage du Rhin* die Zeche übernimmt und den Schacht sümpft, also trockenlegt. Das ist mühsame körperliche Arbeit, wobei das Grubenwasser mit hölzernen Kannen und Muskelkraft ans Tageslicht verbracht werden muss. Noch im gleichen Jahr wird dort wieder Kohle gefördert. In Meiderich ist nun ein hölzerner Förderturm zu sehen, und die Zeche bekommt einen Eisenbahnanschluss. 166 Kumpel arbeiten 1871 auf der Zeche Westende, die in diesem Jahr 1144 Tonnen Kohle fördert.

Mehrfach wechseln in den kommenden Jahren die Besitzverhältnisse der Zeche, bis 1880 Westende zusammen mit *Rhein & Ruhr* Eigentum der neu gegründeten *Meidericher Steinkohlenbergwerks-AG wird*. Die häufigen Besitzerwechsel und Konkurse haben mit der Tatsache zu tun, dass schon um 1880 herum die Kohle unter Preisdruck gerät und Zechen geschlossen werden müssen. Dennoch beginnt man 1889 auf Westende mit der Abteufung eines zweiten Schachtes, und drei Jahre später wird über diesen Schacht Kohle gefördert.

Die Kohlevorkommen locken natürlich die Stahlindustrie. Die *Phoenix-Hütte* und die *Rheinischen Stahlwerke* siedeln sich unweit der Zeche an. Und da der Kohlepreis zwischenzeitlich auf 6 Reichsmark pro Tonne gesunken ist, denkt die Stahlindustrie über eine eigene Steinkohlenbasis nach. 1896 kauft die Phoenix-Hütte die Zechen Westende und Rhein & Ruhr.

Da die Hochöfen mit Koks beschickt werden und zu dessen Produktion die Kohle entgast werden muss, nimmt auf dem Gelände der Zeche Westende 1899 eine Kokerei ihren Betrieb auf, die allerdings nach 16 Jahren schon wieder stillgelegt wird.

Bild 3 Die Zeche Westende zu Anfang des 20. Jahrhunderts

Die Tatsache, dass bei den Prozessen in der Kokerei auch Teer isoliert werden kann, führt 1905 zur Errichtung der Teerverwertung in Meiderich, zu der sich mehrere Bergbau-Großunternehmen zusammenschlossen. Da die Planungen für den Rhein-Herne-Kanal, der den Dortmund-Ems-Kanal und den Ruhrorter Hafen miteinander verbinden soll, abgeschlossen sind und die Bauarbeiten schon 1906 beginnen werden, soll sich die Teerverwertung zwischen dem Kanal und der heutigen Varziner Straße erstrecken.

Diese Ländereien gehören dem Frankenbusch-Bauern. Und so kommt es, dass etwa 50 Jahre nach der Beerdigung der Hündin Fee des Großeicken-Bauern auch der Dümptener Frankenbusch-Bauer von der Kohle, die man ja auch *Schwarzes Gold* nennt, profitiert. Der verkauft nämlich seine Ländereien zu ebenfalls sehr gutem Preis an die Betreiber der Teerverwertung und lässt es sich als Privatier in seiner neu erbauten Villa am Frankenplatz gut gehen.

Übrigens: Zahlreichen Bauern in den Meidericher Bauernschaften Vohwinkel, Berge, Berchum und Lösort hatten zwischenzeitlich für gutes Geld an die landhungrige Industrie verkauft.

Schon um 1900 erkennt man, dass der Bergbau in Meiderich langfristig unrentabel sein würde. Die Lage der Flöze recht zentral unterhalb der Ortsmitte macht viele Sicherheitsmaßnahmen notwendig. Zudem kam und kommt es immer wieder zu Bodensenkungen und Bergschäden.

1895 z.B. lässt die großzügige Kohlenausbeute im Schacht I der Zeche Westende größere Flächen Obermeiderichs um bis zu 4 Meter absinken und nimmt so auch die Stahlsche Mühle gehörig aus dem Wind. Sie muss sogar vorübergehend stillgelegt werden. Der Mühlenbetreiber Johann Stahl verklagt die Zechenverwaltung. Das Gericht gab dem Müller Recht, und Zechenleiter Direktor Thate musste einen drei Meter hohen Steinkranz aufsetzen lassen, um die Mühle wieder in luftige Höhe zu bringen.

Auf Feldern des Bauern Rating steigt das Grundwasser durch eben diese Bodensenkung so sehr, dass sich ein See - den man dann Ratingsee nennt - ausbildet, sehr zum Leidwesen des Bauern, allerdings sehr zur Freude der Meidericher, die den entstandenen See sommers wie winters als Freizeitvergnügen nutzen. 1911 hingegen ist der Spaß vorbei. Der See wird mit dem Aushub des Rhein-Herne-Kanals verfüllt.

1907 beginnt Phoenix die Meidericher Schächte Westende 1 und 2 mit den Laarer Schächten 3 und 4 zu verbinden. Seitdem fördert die Zeche Westende nicht mehr ausschließlich auf Meidericher Gebiet.

Später - 1926 - kommen sogar noch der Kampschacht und der Schacht Rönsbergshof hinzu. Dieser Schacht Rönsbergshof auf Beecker Gebiet erhält seinen Na-men nach einem Hof nördlich der Emscher. Südlich der Emscher auf Mei-dericher Gebiet gab es einen Hof gleichen Namens, der zur Bauernschaft Lösort gehörte.

Zahlreiche Meidericher Kumpel sind bei ihrer gefährlichen Arbeit unter Tage Opfer von Grubenunglücken, wie zum Beispiel Gebirgsschlägen, geworden. Allein im Zeitraum 1916-1920 sind nahezu 30 Kumpel tödlich ver-unglückt. Sie hat die Heilige Barbara nicht erhört.

Wegen der Erschöpfung der Kohlevorräte werden die Schächte Westende 1 und 2 am 15. Mai 1925 stillgelegt und zwei Jahre später verfüllt. Mit der Stilllegung endet die Kohleförderung auf Meidericher Gebiet. Als stiller

Zeitzeuge der ehemaligen Zeche Westende grüßt uns ein steinerner Wasserturm an der Eickenstraße zwischen Walzstraße und Bronkhorststraße. Im weiteren Verlauf der Eickenstraße stehen bis heute Häuser, die im Rahmen des zecheneigenen Bergarbeiterwohnungsbaus entstanden sind.

Ältere Meidericher erinnern sich, dass noch lange Jahre nach der Demontage der Zeche riesige Berghalden von Zechenschlacke auf dem ehemaligen Zechengelände bis dicht an die Westender Straße zu sehen und zu riechen waren. Diese entzündeten sich nämlich immer wieder selbst, kokelten vor sich hin und stanken. Als diese dann zu Beginn der 1950er Jahre endlich abgetragen wurden, entstand ein Platz, auf dem zwei Mal im Jahr die Meidericher Kirmes stattfand.

Vom ersten Kohlefund auf dem Acker des Großeickenhof-Bauern durch Johann Mertens bis zur Abtragung der Schlackenhalde an der Westender Straße hat die Kohle Meiderich mehr als 100 Jahre begleitet und in dieser Epoche mit geprägt.

Der Bergmannsgruß „Glück auf!" stammt ursprünglich aus dem Erzbergbau und bedeutete so viel wie „Ich wünsche dir Glück, tu einen neuen Gang auf." Damit verband man die Hoffnung, weitere erzhaltige Gänge zu finden und auch zukünftig Lohn erhoffen zu dürfen

In diesem Sinne, für eine glückliche Zukunft: Glück auf, Meiderich!

PS: Ampelmännchen mit Grubenlampe an der Kreuzung Von-der-Mark-Straße, Auf dem Damm und Gabelsberger Straße erinnern seit Ende 2018 an die Meidericher Bergbaugeschichte.

Geschrieben um den 21.12.2018 herum, an dem mit der Schließung der Zeche Prosper Haniel in Bottrop die Kohleförderung in Deutschland ihr Ende fand.

Wo war Wilhelm?

Von Werner Maistrak

Das Jahr 1900 wurde von 33.684 Meiderichern begrüßt. Die Industrialisierung des ehemaligen Bauerndorfes war unaufhaltsam.
1905 z.B. entstand in Obermeiderich an der Varziner Straße schon wieder ein neues großes Werk, die „Meidericher Teerverwertung". Bald waren dort über 1000 Menschen beschäftigt, für die 500 Werkswohnungen gebaut wurden. Die Wohnbedingungen waren denen in der Wasgau-Siedlung ähnlich. Ansässige und auch fremde Handwerker fanden rasch Arbeit in diesem neuen Werk.
Große Aufregung gab es zuvor aber schon im Jahre 1902: Auf dem Weg nach Ruhrort, wo er die Ruhrorter Schifferbörse einweihen wollte, sollte Kaiser Wilhelm II auch durch Meiderich kommen. Doch die vielen Vorbereitungen, um den hohen Reisenden würdig begrüßen zu können, waren umsonst, denn niemand hatte ihn zu Gesicht bekommen. Welchen Weg hatte er genommen?

Bild 4   Über diese Brücke ist der Kaiser nicht gefahren: Die Aakerfährbrücke um 1905

Über die Aakerfährbrücke kann er noch nicht gefahren sein, denn die wurde nach vielen Jahren Bauzeit erst am 11.11.1905 (kein Hoppeditz-Scherz!) offiziell dem Verkehr übergeben, auf beiden Seiten mit den Wappen der Städte Duisburg und Meiderich geschmückt. Nach Duisburg kam man bis dahin nur mit einer Fähre. Umsonst ging es aber auch nicht über die Brücke: Fünf Groschen musste ein Fußgänger im Zollhäuschen zahlen.

Die kirchliche Mäuseplage

Lektorat und Vortrag: Friedel Lubitz
Idee: Hermann Fengels

Ein katholischer und ein evangelischer Pfarrer aus Meiderich saßen einmal gemeinsam in einem Gasthaus und beklagten gegenseitig ihr Leid. Dieses Treffen kam selten vor, aber beide hatten mal den Wunsch, ihre Erfahrungen auszutauschen.

„Ach, ich wäre ja überglücklich", begann der protestantische Pastor, „wenn ich nur einmal an einem Sonntagmorgen so viele Menschen in meiner Kirche hätte, wie hier jeden Tag im Wirtshaus sitzen."

„Ach ja", antwortete der katholische Priester, „da haben Sie wohl Recht, bei uns ist es genauso. Es kommen immer weniger Leute zur Andacht, dafür haben wir umso mehr Mäuse, die in unserer Kirche herumtoben. Es müssen wohl weit über hundert Stück sein, die dort ihr Unwesen treiben. Sie nagen alles an, sogar die Hostien fressen sie mir weg. Selbst vor dem Messwein machen sie nicht halt. Neulich ist sogar eine darin ertrunken. Ich weiß gar nicht, was ich dagegen tun kann. Zuerst habe ich überall Fallen aufgestellt, aber das hat nichts genutzt. Die Mäuse haben zwar aus allen Fallen den Käse und den Speck herausgefressen, doch gefangen habe ich keine einzige. Dann habe ich versucht sie auszuräuchern, aber das hat auch nicht geholfen. Es hat zwar fürchterlich gestunken, bald schlimmer noch als unser Weihrauch, aber die Mäuse sind geblieben, nur die Leute blieben aus. Danach habe ich über Nacht einige Katzen in der Kirche eingesperrt, jedoch anstatt der Mäuseplage ein Ende zu bereiten, haben sie in jeder Ecke ihre Notdurft verrichtet. Ich bin mit meiner Weisheit am Ende und weiß nicht mehr, was ich machen soll."

„Gott sei Dank habe ich damit keine Last mehr", sagte daraufhin der evangelische Pastor, „wir hatten ja auch so eine Plage, aber die bin ich ganz schnell los geworden."

„Lieber Amtsbruder", flehte da der katholische Pastor, „bitte verraten Sie mir doch, wie Sie das geschafft haben. Der Herr wird es Ihnen lohnen, und ich wäre Ihnen ewig dankbar."

Schmunzelnd erwiderte der evangelische Pastor: „Das war gar nicht so schwer, wie man es vermuten sollte. Ich habe lediglich ein Naturgesetz angewandt. Ich habe nämlich alle Mäuse getauft und konfirmiert und seit der Zeit hat sich davon keine mehr in der Kirche sehen lassen."

[Diese Geschichte wurde zuerst von Pastor Vosskamp in einer Predigt während einer Konfirmation vorgetragen, allerdings erzählte er von Fledermäusen. Diese Info erhielt ich von Pfarrerin Gebhardt im September 2018.]

Talentschmiede Lösort

Von Helmut Willmeroth

Am 27. Juni 1921 wurde in der Gaststätte „Zum Zuschlag" von den Pfarrmitgliedern Willi Bos, Karl Schäfer, Peter Bauten, Anton von der Heiden und Johann Bolten die DJK Lösort-Meiderich gegründet.

Mit einer Fußballmannschaft wurde der Spielbetrieb auf dem selbst erbauten Platz „Am Zuschlag" aufgenommen. Obwohl die Mannschaft schon bald in die nächst-höhere Klasse aufstieg, ging der Sportplatz verloren und 1934 musste der Spielbetrieb aufgrund eines allgemeinen Verbots eingestellt werden.

Gleich nach dem Krieg wurde aber schon in Lösort wieder Fußball gespielt und auch mit der Jugendarbeit begonnen. 1950 ließen die Vereinsgründer die DJK Lösort dann offiziell auferstehen und nutzten den Sportplatz des Hüttenbetriebes Meiderich an der Voßstraße (heute: Am Mismahlshof) zu einem ersten Fußballspiel.

Schon 1946, im Alter von sechs Jahren, begann ein gewisser **Werner Krämer** unter den Fittichen der Lösorter mit dem Fußballspielen, bevor er sich dann ein Jahr später als Bambini dem Meiedericher Spielverein anschloss. Kein verwunderlicher Schritt, denn schon sein Onkel Walter (seit den 1920er Jahren) und sein Bruder Hansi spielten beim MSV.

Die Weichen für eine Fußballerkarriere waren spätestens gestellt, als Werner in den frühen Nachkriegsjahren Fußballschuhe unter dem Weihnachtsbaum fand und seine Mutter ihm mangels Geld ein MSV-Trikot strickte.

Seit der dritten Volksschulklasse hatte Werner Krämer übrigens den Spitznamen „Eia" weg, wie man im Ruhrpott sagt. Auf einem Ausflug in den Duisburger Zoo rächte sich Werner mit Eierwürfen aus den Provianttaschen seiner Freunde an einem hänselnden Mitschüler.

Das erste Vertragsangebot des MSV in Höhe von 80 DM monatlich lehnte Eia, der inzwischen Schlosser geworden war, übrigens auf Anraten seines Bruders ab. Damit handelte er sich zwar eine Ohrfeige seines Vaters ein, bekam aber einen Vertrag über 120 DM.

Eia Krämer mauserte sich bald zum Spielgestalter, dessen Rückennummer wegen zu geringer Körpergröße gern mal in der Sporthose verschwand, und brillierte mit Technik und Raffinesse. Mit ihm stieg der MSV in die erste Bundesliga auf, wurde 1964 Vizemeister und drang 1966 ins Pokalfinale vor. Werner Eia Krämer wurde 1963 deutscher A-Nationalspieler.

Bild 5   Werner Krämer vor Anpfiff des Pokalendspiels 1966

Auch **Michael Bella** war ein Lösort-Eigengewächs. 1955 begann er als Zehnjähriger als Torwart bei der DJK. Ein Jahr später holte ihn „Mecki" Kleinholz zum Meidericher Spielverein. Zusammen mit Eia Krämer gestaltete Michael Bella die große Zeit des MSV in den 1960er Jahren. Niemand trug das Trikot des MSV häufiger im Fußball Oberhaus, in dem er von 1964 bis 1978 kickte. Auch ihm gelang leider kein Pokalsieg mit dem MSV, für den er auch im Endspiel 1975 das Trikot trug. Selbst als Fan und Zuschauer in den Endspielen 1998 und 2011, wo er jeweils im Sonderzug nach Berlin saß, blieb ihm ein Pokalsieg seiner Meidericher versagt.

Zahlreiche Trainer, wie z.B. „Riegel"-Rudi Gutendorf, „Ömmes" Schmidt, Hermann Eppendorf, „Zapf" Gebhardt, Rudi Fassnacht und Willibert Kremer begleiteten seinen Weg. 1968 wurde Michael Bella deutscher A-Nationalspieler.

Nach seiner Karriere wechselte Michael Bella das blau-weiße MSV-Trikot mit dem Blaumann und führt seitdem, zusammen mit seinem Bruder Herbert, erfolgreich ein Stahlbau-Unternehmen in Meiderich. Mit seiner Frau Edeltraud ist er über 50 Jahre verheiratet.

Der dritte im Bunde der Lösort-Talente war **Werner „Lölle" Lotz**. In der D-Jugend gehörte er 1950 noch der DJK Lösort an, wechselte dann aber zum MSV, wo er 1957 mit der als unschlagbar geltenden A-Jugend Niederrheinmeister wurde. Dieser Mannschaft gehörten Koryphäen wie Dieter Danzberg, Hartmut Heidemann, Werner Krämer und Heinz Versteeg an. Der Former bei den Eisenwerken Mülheim-Meiderich, der Gerüchten zufolge erst durch die doppelten Portionen Erbsensuppe und zahlreiche Koteletts in der Vereinsgaststätte zu Kräften kam, war wie Krämer und Bella Mitglied der Vizemeistermannschaft 1964 und Pokalfinalteilnehmer 1966. Er ragte mit seiner „Pferdelunge" und seinen gelegentlichen Kopfballtorpedos heraus, die „mich hier und da einen Zahn gekostet" haben, „wenn zum Beispiel Kalli Feldkamp von Rot-Weiß Oberhausen im Weg stand".

Übrigens:

Auch **Martina Voss-Tecklenburg**, die aktuelle Frauen-Bundestrainerin, erlernte das Fußballspielen in der D-Jugend der DJK Lösort. Da es zu jener Zeit keine Mädchenmannschaft gab, schnürte sie zusammen mit den Jungen, zu denen der aktuelle Vorsitzende Michael Eger gehörte, die Fußballschuhe.

VIKTORIA!

Von Dieter Lesemann

Wir schreiben das Jahr 1910. In der Familie Laacks herrscht große Aufregung. Nachdem die Familie sich gerade entschieden hatte, in Obermeiderich auf der Bügelstraße 17 eine Gaststätte zu eröffnen, steht nun auch die Geburt des vierten Kindes unmittelbar bevor.

Am 11. September 1910 wird Änne Laacks geboren und soll von nun an mehr als 100 Jahre lang die Geschichte des Restaurants Viktoria begleiten.

Tochter und Gaststätte gedeihen prächtig, und schnell wird die Restauration Viktoria zu einem wichtigen Treffpunkt in Obermeiderich Zu den ersten Stammgästen zählen, neben den Menschen aus der Nachbarschaft, die Arbeiter, die seit 1906 mit dem Bau des Rhein-Herne-Kanals beschäftigt sind, darunter sehr viele italienischer Abstammung. Man(n) trinkt sein Bier gern in der Viktoria, denn schließlich wird man von den hübschen Laacks'schen Töchtern bedient.

Bild 6 Das Restaurant Viktoria in seiner ganzen Gebäudepracht

An einem der letzten Friedenstage, am 17. Juli 1914, wird der Rhein-Herne-Kanal mit der Fahrt des niederländischen Schleppkahns *Tyd is Geld* feierlich eröffnet. Nur 11 Tage später beginnt der Erste Weltkrieg und bringt viel Leid über die Menschen, auch in Obermeiderich.

Am 11. November 1918 war der Krieg endlich zu Ende. Doch schon im Februar des folgenden Jahres bekommt die Viktoria die Kriegsfolgen zu spüren: Belgische Besatzungssoldaten, die zum Schutz der alliierten Schifffahrtskommission nach Duisburg einrücken, richten unter anderem im Laacks'schen Restaurant einen Stützpunkt ein. Kegelbahn und Saal werden zu Quartieren.

Die Jahre nach dem Krieg brauchen die Menschen, um wieder zu einem geordneten Leben zurückzufinden. Vor allem nach dem Ende der Ruhrbesetzung im Jahre 1925 blüht auch das Gaststättenleben wieder auf. Gesangs- und Karnevalsvereine tragen dazu ebenso bei wie die Meidericher Feuerwehr mit ihren Festen und die gut angenommenen, regelmäßigen Tanzveranstaltungen.

Dass das Restaurant Viktoria auch über den Gaststättenbetrieb hinaus eine zentrale Bedeutung für das Viertel gewinnt, darf man den Tatsachen entnehmen, dass die Bergleute hier ihre Rente abholen, die Stadt Duisburg im Saal Impfungen durchführt und die Familie über den einzigen Fernsprecherschluss in der Umgebung verfügt. Unter der Nummer 8628 Duisburg Nord war nicht nur die Familie Laacks zu erreichen, sondern oftmals auch Menschen in der Nachbarschaft, die schnell durch eines der Kinder der Familie Laacks herbeigeholt wurden.

Mit Beginn der Diktatur der Nationalsozialisten 1933 änderte sich auch das Leben rund um Viktoria gewaltig. Wieder werden die Räume, in denen Feste gefeiert, gesungen und getanzt wurde, politisiert. Der Saal wird von den Nazis beschlagnahmt, damit sie z.B. ihre Parteiversammlungen dort abhalten können. Später, als der Krieg tobt, werden russische Kriegsgefangene in der Gaststätte einquartiert und durch die Familie Laacks versorgt.

Das Vereinsleben liegt am Boden. Vielmehr kommen jetzt die Nachbarn, um Schutz vor den Fliegerbomben zu suchen. Besonders furchtbar ist es in der Nacht vom 14. auf den 15. Oktober 1944.

Im Mai 1945, am Ende des Krieges, ist das Haus Bügelstraße 17 unbewohnbar. Die Familie Laacks lebt für einige Monate in Thüringen. Aber schon bald zieht es sie zurück nach Obermeiderich, und sie beginnt mit dem Wiederaufbau. Kurze Zeit später wird der Gastbetrieb wieder aufgenommen. Die Menschen und mit ihnen die Vereine kehren an ihre alte Wirkungsstätte zurück. Es wird wieder gesungen, getanzt, Skat gespielt und gelacht. Sogar ein Kino wird in einem Saalanbau eröffnet und zeigt bis 1970 alle Klassiker der Filmgeschichte: die „Schauburg", auch gelegentlich „Schauerburg" genannt.

Auch für die traurigen Anlässe ist das Haus wieder vorbereitet. Unzählige Beerdigungsfeiern werden ausgerichtet. Schließlich liegt der Friedhof gleich gegenüber auf der anderen Seite der Bügelstraße.

Inzwischen ist der Eingang an der Ecke Bügel- / Gelderblomstraße, an dessen beiden Seiten Reklametafeln der Dortmunder Actien-Brauerei prangten, verschwunden.

1978 entschließt sich die Familie Laacks, den Gaststättenbetrieb zu verpachten. Nach wie vor ist das *Haus Laacks*, wie es heute heißt, ein Treffpunkt für Jung und Alt aus der Nachbarschaft, aber – nicht zuletzt wegen des guten Essens – auch weit darüber hinaus. Ein Saal für Versammlungen steht weiterhin zur Verfügung. Aussagekräftige alte Fotos zieren die Wände des Restaurants und dokumentieren stolz seine bewegte, mehr als hundertjährige Geschichte.

Viktoria hieß das Restaurant einst und das zu Recht, ist es doch letztendlich immer wieder aufgestanden und hat allen Widrigkeiten der Zeit getrotzt.

[In Anlehnung an einen Bericht von Jessica Narloch in der Rheinischen Post vom 07.09.2010 auf der Basis eines Gesprächs mit Änne Köhler geb. Laacks und nach einem Gespräch, das ich mit Luise Starnke, Nichte von Änne Köhler, geführt habe.]

Ein Witz für den Schiedsrichter

Von Werner Maistrak

Vier Jahre Krieg (1914 – 1918), politische Nachwirren und Besatzung hatten viele Wunden geschlagen. Harte, meist 12- bis 14-stündige Arbeitstage sorgten zusätzlich für das große Verlangen nach sportlicher Freizeitbeschäftigung. Viele suchten einen Ausgleich und fanden ihn unter denkbar ungünstigen Bedingungen im Sport. Die Fußballer jagten schon wieder dem runden Leder nach, neue Vereine entstanden.

So auch 1921, als sich erstmalig auf einem Platz an der Bahnhofstraße eine Handvoll junger Männer zusammenfand, um Hockey zu spielen. Natürlich musste auch hier der Platz erst wieder hergerichtet werden. Es gab noch keine Kunstrasenplätze, keine Plastikbälle oder Karbon- bzw. Fiberglas-Schläger. Der Ball war eine Holzkugel von einem Meidericher Drechsler gedreht. Je Spiel gab es nur einen und wenn der einmal in den Büschen landete, musste die ganze Mannschaft suchen. Das Schuhwerk entsprach bei weitem nicht dem heutigen Standard. Einfache Straßenschuhe mussten reichen, und es gab sogar Spieler, die es vorzogen, barfuß (!) zu spielen.

Bild 7 Aus den Anfangsjahren des Hockeys in Meiderich

Auch das Regelwerk wurde nicht ganz so ernst genommen. Musste mal wieder der Ball in einem Busch gesucht werden, hatte wenigstens **ein** Spieler einige Witze auf Lager, die er dem Schiedsrichter derweil erzählte. Überflüssige, oft unverständliche Regeln wurden einfach wieder abgeschafft.

Der Hockeysport entwickelte sich beim MSV zum echten Familiensport, denn bald entstanden neben Damenmannschaften auch Jugend- und Schülermannschaften, die bald mit beachtlichen Erfolgen nach Meiderich zurückkamen. Bald auch ging es auf Tour. Beliebteste Ziele waren die Osterturniere in Kreuznach und Salinental.

Eine jähe Unterbrechung fand die ganze Entwicklung durch den 2. Weltkrieg (1939-1945).

Die Ruhrorter Musikanten

Eine „fabelhafte" Geschichte sehr frei nach den Gebrüdern Grimm

Von Dieter Lesemann

„KIKERIKI! KIKERIKI!" Der Dislichbauer schreckt aus dem Schlaf, richtet sich in seinem Bett auf und tastet nach seiner Taschenuhr, die auf dem Nachtschränkchen liegt: Viertel nach drei – erkennt er im Mondlicht, das in seine Schlafstube fällt - am heiligen Sonntagmorgen! „Ich dreh ihm gleich den Hals um!" sagt er zu seiner Frau, die von all dem aber gar nichts mitbekommt, weil sie selig schlummert. „Das alte Federvieh, dieser verfluchte Rotkopf kommt in die Haanesupp!" kann sich der Bauer gar nicht beruhigen.

Der Hahn hat durch das halb geöffnete Fenster der Schlafstube des Bauern alles mitbekommen und weiß nun, dass kein guter Wind weht. Dabei hat er doch nur gutes Wetter prophezeien wollen.

Nach all den Jahren treuen Krähens beschließt er, den Hof zu verlassen. „Etwas Besseres als den Tod findest du überall", denkt er. „Ich gehe nach Ruhrort und werde dort Musikant. Mit meiner guten Stimme müsste es doch klappen."

Der alte Stolz eines Meidericher Hahns kehrt in ihn zurück, und er macht sich auf seinen Weg nach Süden gen Ruhrort.

Kaum hat er die ersten Meter gemacht, sieht er einen traurigen Esel mit hängendem Kopf am Wegesrand stehen. „Bist du nicht der Esel vom Köppenhof?" glaubt der Hahn ihn wiederzuerkennen. „Was stehst du denn da und siehst so unglücklich aus?"

„Ach", klagt der Esel, „da hab' ich dem Köppenbauern jahrelang unverdrossen die Kornsäcke den weiten Weg zur Mühle getragen und nun, da ich alt bin, will er mich aus dem Futter nehmen."

„Weißt du was?" spricht da der Hahn, „ich gehe nach Ruhrort und werde dort Musikant. Geh mit und lass dich auch bei der Musik annehmen! Ich singe und du spielst die Laute." Der Esel ist zufrieden mit dem Vorschlag und so zockeln sie gemeinsam Richtung Ruhrort.

Es dauert gar nicht lang, da begegnen sie einem Hund, der am Wegesrand liegt und jappst. „Was jappst du so, Packan?" fragt der Esel ihn. „Ach, weil ich alt bin und zur Jagd nicht mehr tauge, will mich mein Herr, der in den Wäldern jagt, die zu Haus Hagen gehören, totschlagen. Da hab' ich Reißaus genommen. Aber womit soll ich nun mein Brot verdienen?"

„Geh mit uns nach Ruhrort und werde auch Musikant", schlägt der Hahn vor. „Ich singe, der Esel spielt die Laute und du schlägst die Pauken." „Ja", bekräftigt der Esel den Vorschlag, „tu das!"

Der Hund ist einverstanden, und zu dritt setzen sie den Weg nach Ruhrort fort. Kaum eine Viertelstunde später sitzt eine Katze am Weg und macht ein Gesicht wie drei Tage Regenwetter. „Was ist dir in die Quere gekommen, alter Bartputzer?" fragt sie der Hahn. „Ach", jammert sie, „ich bin nun zu Jahren gekommen und sitze lieber hinter dem Ofen, als dass ich Mäusen hinterherjage. Deshalb will mich meine Frau, die Lakumbäuerin, ersäufen. Da hab' ich mich fortgemacht, aber nun ist guter Rat teuer."

Hahn, Esel und Hund erzählen der Katze von ihrem Plan, den sie, die sich ja auf die Nachtmusik versteht, so gut findet, dass sie sich ihnen anschließt.

Inzwischen ist es dunkel geworden, und unsere Vier verspüren einen mächtigen Hunger. Plötzlich sehen sie in einiger Entfernung den Lichtschein eines Hofes, der schon auf Ruhrorter Gebiet liegen muss. Sie schleichen sich an das Hofgebäude, und der Esel riskiert einen Blick durch das Fenster. Er traut seinen Augen kaum: Drinnen sitzt die Bauernfamilie um den Esstisch, der sich vor lauter Köstlichkeiten biegt.

„Erzähl schon, was siehst du?" bedrängen ihn die anderen drei. Der Esel beginnt all die Leckereien aufzuzählen, und der Hunger seiner Musikantenfreunde wird immer gewaltiger. „Da müssen wir rein!" sind sie sich schnell einig. „Aber wie?" fragt der Esel in die Runde. „Lasst mich nur machen!" sagt der Hahn und bedeutet den anderen, sich hinter einem Gebüsch zu verstecken.

Der Hahn springt mit Mühe auf die äußere Bank des Stubenfensters, schlägt dann wild mit den Flügeln gegen die Scheiben und lässt sein fürchterlichstes Krähen hören, das ihm die Augen aus dem Kopf zu pressen scheint.

Plötzlich wird die Tür des Hofgebäudes nach innen aufgerissen und unter lautem „Der Meierksche Hahn! Der Meierksche Hahn!"- Geschrei stürzt die gesamte Bauernfamilie aus dem Haus, rennt in den nahe gelegenen Wald und ist wie vom Erdboden verschwunden.

Nach einer Weile betreten die angehenden Musikanten zunächst vorsichtig das Haus, treten in die Stube, können sich aber beim Anblick des reich gedeckten Tisches nicht mehr beherrschen und beginnen ein Fress- und Saufgelage, das Seinesgleichen sucht. Schließlich fallen sie vollgestopft und betrunken von ihren Stühlen und schlafen auf der Stelle auf dem Stubenboden ein.

Bild 8 Der Meierksche Hahn auf dem Weg nach Ruhrort

Als sie am nächsten Morgen wach werden, wundern sie sich, dass immer noch niemand von der Ruhrorter Familie aufgetaucht ist, um nach dem Rechten zu sehen. Also setzen sich die vermeintlichen Musikusse wieder an den Tisch und machen sich über das Übriggebliebene von gestern Abend her.

Die Ruhrorter Bauernfamilie aber bleibt verschwunden, und wenn dem Hahn nicht der Hals umgedreht, der Esel nicht aus dem Futter genommen, der Hund nicht totgeschossen und die Katze nicht ersäuft wurde, so leben sie noch heute dort und…

…dem Meierkschen Hahn ist es auf seine alten Tage doch noch gelungen, sich in Ruhrort einzunisten – getreu dem Motto: Etwas Besseres als den Tod findest du überall!

Ein Protokollant mit Rechtschreibschwäche?

Von Werner Maistrak

Zu Beginn des 20. Jahrhunderts wurden immer wieder neue Vereine gegründet, wie zum Beispiel 1908 in Obermeiderich der Männerchor „Haideblümchen". Obermeiderich hatte sich bis dahin noch den dörflichen Charakter mit Feldern, Wiesen und der Lipperheide, die Obermeiderich von Oberhausen trennte, erhalten. Warum aber schrieb der Protokollant der Gründungsversammlung „Haideblümchen" mit ‚ai' anstelle von ‚ei'? Hatte er bereits zu tief ins Glas geschaut oder gefiel ihm die veraltete Schreibweise ‚Haide' statt ‚Heide' einfach besser? Hatte er gar eine Rechtschreibschwäche? Wir werden es nicht erfahren.

Bild 9   Programmblatt eines Haideblümchen-Konzerts 1926

Die Gründung fand im Lokal der Eheleute Jakob Müller auf der Lohstraße statt. Erster Vorsitzender war Johann Tiefenbach und die Chorleitung übernahm der bekannte Lehrer Peter Müller. 1909 zogen die Sänger aus Platzgründen dann in die Gaststätte Viktoria der Familie Laacks auf der Bügelstraße ein.

Hier wurde dann auch schon das erste Stiftungsfest mit einem beachtlichen Konzert gefeiert. Beinahe alle Meidericher Chöre nahmen daran teil. Vorher zogen sie in einem Festumzug mit allen Sängern und ihrer Vereinsfahne durch den Stadtteil.

In den folgenden Jahren gehörten die Konzerte und Feste des „Männergesangvereins Obermeiderich von 1908", wie er sich jetzt nannte, zu den Höhepunkten im Stadtteil. Sie pflegten Kontakte zu anderen Chören, nahmen an den zu der Zeit so beliebten Sängerwettstreiten teil und belegten meist vordere Plätze.

Elf Chöre sorgten zu dieser Zeit für das gesellschaftliche Leben in Meiderich. Es gab kein Theater oder andere kulturelle Einrichtungen. Die aus Duisburg stammende „Brandsche Kapelle" spielte etliche Male im Mismahlschen Saal.

Ein neuer Name für meine Schule

Von Friedel Lubitz

Als ich 1974 nach Meiderich zog, gab es eine Realschule, zwei Gymnasien und sechs Hauptschulen. Die Realschule lag an der Ecke Bahnhofstraße/ Bronkhorststraße, das Theodor-Heuss-Gymnasium (THG) an der Westender Straße und das Max-Planck-Gymnasium (MPG) in Mittelmeiderich. Die Realschule und das THG wurden zu einer Gesamtschule fusioniert. Das MPG erhielt das Gebäude der Hollenberg-Schule für die Oberstufe.

Diese Neuregelung war notwendig geworden, weil die Schülerzahl in den Hauptschulen drastisch zurückgegangen war. Als erstes wurde die Hauptschule „Hoher Weg" in eine Lernbehindertenschule umgewandelt. Dann musste die Hauptschule „Zoppenbrückstraße" geschlossen werden, zuletzt traf es die Schule „Wiesbadener Straße" im Hagenshof. Die Hauptschule „Gartsträucher Straße" hatte einen neuen Namen bei der Schulverwaltung in Düsseldorf beantragt und konnte sich danach „Heinrich-Böll-Schule" nennen. Bei der offiziellen Eröffnungsfeier war sogar der Sohn des Schriftstellers anwesend.

Bei einer Lehrerkonferenz in meiner Schule Anfang der 80er Jahre berichtete ein Kollege von einem Gespräch zweier Jungen, das er mitbekommen hatte. Der weiterziehende Schüler verabschiedete sich mit den Worten: „Ich gehe jetzt auf Gesamt" und unser Schüler antwortete: „Ich bin jetzt da" - und zeigte in Richtung unseres Schulgebäudes - „auf Bronkhorst".

Aufgrund dieser Aussagen stellte der Kollege den Antrag, unsere Schule, „die Städtische Gemeinschaftshauptschule an der Bronkhorststraße" in

„Bronkhorst-Schule" umzubenennen. 100-prozentige Zustimmung. Der Antrag wurde nach Düsseldorf weitergeleitet und nach wenigen Wochen erhielt unser Schulleiter die Genehmigung.

Unsere Schule hatte bei den Meiderichern immer schon einen guten Ruf. Die Presse lobte die Arbeit an unserer Schule, mit der Überschrift „Bronkhorst – ein Juwel". Und in der Tat begann jetzt die Blütezeit der Bronkhorst-Schule. Es wurden neue Unterrichtskonzepte geschaffen. Zu jedem Schulfach wurde eine Arbeitsgemeinschaft gegründet, die auch auf dem Zeugnis am Schuljahresende vermerkt wurde: „Teilgenommen", „mit Erfolg teilgenommen" oder „mit besonderem Erfolg teilgenommen." So konnte bei späteren Bewerbungen der Arbeitgeber erkennen, welche Schwerpunkte sich der Schüler je nach seinem Können ausgesucht hatte.

Ich komme noch einmal auf die Aussagen der beiden Schüler zurück. Sie hatten mich noch zu der folgenden Überlegung geführt: Welche Beweggründe mögen sie wohl dazu geführt haben, zu sagen „Ich geh auf Gesamt" und „Ich geh auf Bronkhorst"? Ich kann es mir nur so erklären: Es ist ein Unterschied, ob ich sage „Ich gehe auf die Städtische Gemeinschaftshauptschule an der Bronkhorststraße" oder „Ich gehe auf Bronkhorst". Die erste Formulierung klingt für einen Schüler zu lang und bedrückend. Die zweite mag wie eine gehobenere Bedeutung klingen. Der Hauptschüler fühlte sich gegenüber dem Gesamtschüler ebenbürtig. Es ist nur eine Vermutung, einen Beweis kann ich dafür nicht liefern.

Untermeiderich – wo liegt das denn eigentlich?

Von Dieter Lesemann

Eine ähnliche Frage soll es am 9. November 1963 auch gegeben haben. „Meiderich – wo liegt das denn eigentlich?" soll Uwe Seeler den Fahrer des Mannschaftsbusses des HSV gefragt haben, als sich das Gefährt zum Auswärtsspiel beim Meidericher Spielverein auf den Weg machte. Spätestens nach der 0:4-Klatsche, die sich der HSV im Wedau-Stadion abholte, wusste Uwe Bescheid!

Der Grund, warum Meiderich in die Ortsteile Unter-, Mittel- und Obermeiderich eingeteilt ist, lag 1963 schon etwa 600 Jahre zurück. Das Land, das die Bauern zu jener Zeit beackerten, gehörte ihnen meist nicht. Es war Eigentum verschiedener Adeliger oder Klöster. Die Bauern arbeiteten hart und mussten an ihre Landesherren hohe Abgaben zahlen. Häufig wechselten die Besitzer oder Lehnsherren der Meidericher Ländereien.

Schließlich wollte die Kirche eine Ordnung in die Abgabepflicht bringen und teilte das Kirchspiel Meiderich in eine Unter-, Mittel- und Oberbauernschaft ein. Die damaligen Grenzen entsprechen grob den heutigen Grenzen der Meidericher Ortsteile.

Die Bezeichnungen richteten sich nach der geografischen Lage der jeweiligen Bauernschaft zum Rhein hin. Die Unterbauernschaft war am nächsten zum Rhein gelegen und damit das geografisch niedrigste Gelände. Sie wurde deshalb auch manchmal Niederbauernschaft genannt. Nach Osten hin wurde das Gelände über die Mittelbauernschaft zur Oberbauernschaft immer höher. Der höchste Geländepunkt Meiderichs ist demnach in Obermeiderich.

Zu den Hofverbänden der Unterbauernschaft, also des heutigen Untermeiderich, gehörten und gehören Lakum, Vohwinkel, Berge und Berchum. Meidericher Straßennamen erinnern an diese Hofverbände.

Wenn man Menschen aus Untermeiderich fragt, was denn eigentlich Untermeiderich sei, bekommt man nicht selten zu hören: „Ja, Berg, natürlich! Was denn sonst!"

Das ist so nicht ganz richtig. Denn Berg ist nur eins der beiden Wohnquartiere Untermeiderichs. Das andere heißt Untermeiderich Süd. Die beiden

Wohnquartiere werden durch die Vohwinkelstraße bzw. durch die Bahnlinie Ruhrort-Oberhausen getrennt. Im Süden reicht Untermeiderich Süd bis an die Nordspitze der Hafenbecken A, B und C des Ruhrorter Hafens.

Der Lakumshof des Hofverbandes Lakum z.B., der noch heute an der Ecke Lakumer Straße und Steinenkamp liegt, gehört seit dem 14. Jahrhundert zur Unterbauernschaft und damit heute zu Untermeiderich.

Die Grenze zu Mittelmeiderich folgt von Norden her zunächst etwa dem Verlauf der A59, dann der Vohwinkelstraße bis etwa Höhe Tunnelstraße und quert nach Osten beim Abzweig Altenkamp die Straße Unter den Ulmen. Dann setzt sie sich im Verlauf Faust- und Bleibtreustraße nach Süden fort, quert die Bürgermeister-Pütz-Straße und durchschneidet den Stadtpark etwa auf der Linie Minigolf- und Fußballplatz bis zur Eisenbahnlinie und folgt dieser nach Westen bis zum Betriebshof der Stadtgärtnerei.

Kehren wir nun noch einmal zu dem alten Hofverband Berchum der Unterbauernschaft zurück, um dem Namen *Stapelmann* in Untermeiderich auf die Spur zu kommen. Zu den Höfen Berchums gehörte der *Op den Stapel*-Hof, der als einer der ältesten Höfe der gesamten Herrlichkeit Meiderich galt. Bis etwa zum Jahr 1700 trug der Hof diesen Namen.

Der Name geht zurück auf das „Stapelding". Das Stapelding war ein Gericht, in dem der Stapelmeister oder Stapelmann Recht zu Abmessungen des Landbesitzes sprach. So ein Gericht gab es auf dem alten Op-den-Stapel-Hof. Im 17. Jahrhundert entstand aus dem Namen des Hofes der Familienname "Stapelmann" Etwa mit Beginn des 18. Jahrhunderts kommt es dann durch eheliche Verbindung der Familien Op den Stapel bzw. Stapelmann und Amelie zur Namensänderung des Hofes, der fortan für gut 100 Jahre *Ameliehof* heißt und zusätzlich zur Landwirtschaft eine Leineweberei betreibt.

Der Name Stapelmann ist also in Untermeiderich tief verwurzelt.

Von der Sonne direkt in die Steckdose

Von Werner Maistrak

Es war an einem kühlen Herbsttag im Jahr 1998. Ich saß, wie beinahe immer, an meinem Schreibtisch und schimpfte über meinen Computer, der mal wieder nicht so wollte, wie ich mir das vorgestellt hatte.

Seit einigen Monaten war ich Rentner, spürte aber noch nicht viel davon, denn Arbeit hatte ich noch genug. Ich war Vorsitzender der Sängervereinigung Obermeiderich und bastelte an der Vorbereitung unseres 20. Weihnachtskonzertes in der katholischen Kirche Herz Jesu auf der Brückelstraße.

Da klingelte das Telefon. Am anderen Ende der Leitung war Dieter Forchmann, Leiter des "Lernbauernhofes Ingenhammshof", der nach der üblichen Begrüßung schnell zum Grund seines Anrufes kam: „Hör mal, Werner, wir haben eine Idee und hoffen, du kannst uns dabei helfen."
Wir, das waren der Schulleiter der Gesamtschule Meiderich, Dr. Hartmut Pietsch, einige Lehrer und noch einige Leute, die evtl. einen Förderverein für diesen Lernbauernhof gründen wollten und mich gerne dabei gehabt hätten.

Ich war zu der Zeit auch noch Vorsitzender der Interessengemeinschaft Meidericher Vereine. Natürlich sagte ich unter Vorbehalt zu, an einem der nächsten Gespräche teilnehmen zu wollen. Noch ahnte ich nicht, was ich mir da gerade wieder antun wollte. Ich dachte eigentlich: Jetzt bist du Rentner und lässt es etwas ruhiger angehen.

In Dieter Forchmanns Büro auf dem Hof fand er schnell die richtigen Worte, um uns dieses Vorhaben schmackhaft zu machen. Kernpunkt war die Idee, auf dem Dach eine Photovoltaik-Anlage zu installieren. Er hatte vor einiger Zeit schon ein großes Windrad aufstellen lassen, um hiermit das für die Tierhaltung benötigte Wasser aus dem Boden zu pumpen. Warum sollen wir nicht auch die Sonne für uns arbeiten lassen?

Schnell sprang seine Begeisterung auch auf uns über. Nur, wie soll das finanziert werden? So eine Anlage ist nicht billig. Und woher das Geld nehmen? Dann gab es den Vorschlag, einen Förderverein zu gründen, denn es gab mittlerweile Fördermittel, die bei Vorlage eines überzeugenden Konzeptes beantragt werden konnten. Wir trennten uns, um nach dem Jahreswechsel weiter zu überlegen, wie es jetzt vorangehen könnte.

Und dann ging es im Januar 1999 gleich weiter. Die ersten Kontakte waren bereits hergestellt, und an uns lag es jetzt, diesen Verein zu gründen. Ein Name war schnell gefunden: „Verein der Freunde und Förderer des Ingenhammshofes - Lernbauernhof im Landschaftspark Duisburg Nord e.V."

Eine Satzung wurde erarbeitet, und am 8. Februar wurde die Vereinsgründung einstimmig beschlossen. Eins fehlte noch: Die Wahl des Vorstandes mit Dieter Forchmann als Vorsitzendem, mit Bruno Sagurna, Mitglied der Meidericher Bezirksvertretung, als zweitem Vorsitzenden und mir als Kassierer, womit ich wieder einmal ein Amt innehatte.

Dabei schauten uns als Beisitzer Schulleiter Dr. Hartmut Pietsch, der AKSUS-Vorsitzende Dieter Lesemann und zwei Lehrerinnen der Gesamtschule über die Schultern. Aber noch gab es nichts zu schauen, die Kasse war ja leer. Darum ging ich auch gleich mit dem Hut herum um die ersten 200 D-Mark, der Euro kam erst zwei Jahre später, einzusammeln. Dieses Einstandskapital sollte ich auf ca. 70.000 Mark, so teuer sollte die Anlage laut Kostenvoranschlag werden, aufstocken.

Die erste Hilfe kam aber schon nach erfolgter Eintragung in das Vereinsregister beim Amtsgericht Duisburg kurze Zeit später: Aus einem „Fördertopf für erneuerbare Energien" erhielt ich die stolze Summe von 23.000 D-Mark. Das war aber nur die „Anzahlung". Also weiter suchen. Dabei stießen Dieter Forchmann und ich auf die Deutsche Umweltbank.

Es dauerte dann aber doch noch einige Zeit, bis das „zweite Standbein" als Summe auf unserem Konto stand.

Ein ganz gutes Gefühl hatte ich zu der Zeit aber doch noch nicht, denn mit der Unterschrift von Dieter Forchmann und mir hatten wir die reibungslose Rückzahlung der 37.000 DM, das war die Höhe des Darlehens, garantiert. Bis zu diesem Zeitpunkt hatte ich noch nie Schulden gemacht. Aber Dieter hatte seine Fühler schon sehr weit ausgestreckt und viele Menschen mit der Idee, auf dem Dach eines Bauernhofes eine Solaranlage installieren zulassen, begeistert.

Die nächste Handlung war die Herstellung einer „Solarstrom Urkunde", die wir bald bei allen möglichen Gelegenheiten für mindestens 20 Mark anboten. Und siehe da, unser Stromkonto wuchs langsam an.

Ein großer Freund unseres Vorhabens wurde Dirk Büsching, ehemaliger Amtsleiter und zu dieser Zeit Leiter des Landschaftsparks. Bei allen Parkfesten wurde Werbung für uns gemacht. Viele einflussreiche Menschen wurden neugierig, so auch der ehemalige Arbeitsminister Franz Müntefering, der mit Ralf Jäger, späterer Landesinnenminister NRW, einen Rundgang machte und natürlich auch wissen wollte, was wir vorhatten. „Ralf, kannst du mir mal Geld borgen, denn so eine Urkunde möchte ich mit nach Berlin nehmen?" war seine Frage an Ralf Jäger, der seine Urkunde bereits gekauft hatte. Natürlich lieh er ihm das Geld, denn er kannte Franz Müntefering schon so lange und wusste auch, Geld hat der nie bei sich. Stolz zogen beide weiter auf ihrem Rundgang durch den Landschaftspark. Ralf Jäger hat mir nie verraten, ob er das „Leihgeld" je wieder bekommen hat.

Uns war es aber wichtig, die Solartafeln auf dem Dach des Verwaltungsgebäudes installieren und die nötigen Kabel verlegen zu lassen. Ich hatte zwischenzeitlich den Vertrag mit den Stadtwerken abgeschlossen, der uns sicherstellte, dass wir bis zum Jahr 2021 mit der Abnahme des mit Hilfe der Sonne erzeugten elektrischen Stroms einen sicheren Partner hatten.

Jetzt warteten wir nur auf die Handwerker, die mit der Verlegung der Platten und der erforderlichen Anschlüsse die Garantie gaben, dass mit dem ersten Sonnenstrahl schon mit der Tilgung unserer Schulden begonnen werden konnte. Immer weiter suchten wir nach Hof-Freunden, beginnend mit etlichen Rentnern, die beinahe jeden Morgen auf der kleinen Hofbank vor den Stallungen Anteil nahmen an allem, was vor sich ging.

Es ging schon am frühen Morgen los, wenn die Tiere, überwiegend Kühe, Pferde, Schweine und Hühner, auf ihr erstes Futter warteten. Dann dauerte es auch gar nicht lange, bis die ersten Kindergarten- oder Schulgruppen eintrafen.

Nun begann der Spaß. Die Tiere wurden auf die eingezäunten Weiden gebracht, die Ställe mussten ausgemistet und wieder mit Stroh aufgefüllt werden. Natürlich durften die ersten Streicheleinheiten nicht fehlen. Die ersten Reitstunden wurden vorbereitet, und unter Aufsicht einer Reitlehrerin durften alle dann für einige Reitrunden aufs Pferd. Aber es gab ja noch viel zu tun und somit auch für die Rentner zu sehen.

Wir warteten noch einige Tage und dann rollten die Platten, die die Sonnenstrahlen einfangen sollten, an. Nach zwei Tagen war alles verlegt und angeschlossen. Die Sonne konnte kommen.

Ende des Jahres konnten wir schon die ersten Solar-Einnahmen verbuchen. Jetzt ging es aber nicht mehr um D-Mark, sondern wir hatten jetzt den Euro. Also musste alles umgerechnet werden.

Unsere weiteren Aufgaben war dann die Vorbereitung der anstehenden Hoffeste und Sonderaktionen. Höhepunkte waren die Dreschfeste mit dem eigenen Drescher, der jährliche Bauernmarkt, das Schafscheren, im Winter der Tannenbaummarkt und Familienfeste. Das war dann auch die Gelegenheit der vielen Kinder ihren Eltern zu zeigen, wie es auf einem Bauernhof zuging. Mehrere tausend Kinder waren es jedes Jahr die hier Landluft schnupperten und dabei vieles lernten.

Alle diese Feste waren damit verbunden, neue Mitglieder für den Förderverein oder Spender zu finden. Immer wieder gab es neue Wünsche. Mit Benny, einem Reit-Pony, begann es. Das war das erste, das wir finanzieren konnten. Die Küche sollte ganz überholt und mit neuen Geräten ausgestattet werden. Die Kinder und auch die vielen Helfer hatten Hunger und konnten so wieder versorgt werden. Die Pferde brauchten neues Sattelzeug, und wir waren bald in der Lage 8.000 Euro an Zuschüssen zu geben. Darüber hinaus konnten wir jedes Jahr zwei Raten unseres Darlehens wieder zurückzahlen.

So reibungslos, wie es hier aufgeschrieben steht, war es aber dann doch nicht. Wir hatten es zusätzlich ermöglicht, für eine Ziegenherde Stallungen und Ausläufe zu bauen. Die Ziegen waren dann auch bald Hauptanziehungspunkt nicht nur für die Kinder, sondern für alle Besucher. Und hier kostete uns die Unvernunft vieler „Tierfreunde", die die Ziegen trotz der Verbotsschilder fütterten, den Tod von acht Tieren. Sie lagen eines Morgens tot im Stall. Sie waren nach der tierärztlichen Untersuchung nicht nur überfüttert, sondern teilweise auch an absolut Unverbaubarem gestorben. Die restlichen Tiere mussten eingezäunt werden, und vorbei war es mit den Streicheleinheiten, sehr zum Leidwesen der Kinder.

Wir arbeiteten aber weiter an der Rückzahlung unseres Darlehens, und die Sonne half uns dabei so sehr, dass wir zwischenzeitlich auch Ferienerholung auf dem Hof für Kinder einkommensschwacher Familien finanzieren konnten. Außerdem musste ein neuer Kühlschrank her und Benny brauchte neues Sattelzeug.

Leider gab es aber Ereignisse, die einen reibungslosen Ablauf der Arbeiten immer wieder erheblich störten. So war es einmal die Hühnerpest, bei der die gelegten Eier der umfangreichen Hühnerschar gleich wieder vernichtet werden mussten und auch eine Bodenvergiftung der Felder und Wiesen rund um den Hof brachte erhebliche Probleme mit sich.

Dann kam eines Tages die Nachricht, Dieter Forchmann gehe in den Ruhestand. Wir brauchten einen neuen Vorstand. Hermann Bertram, ehemaliger Bezirksvorsteher, war bereit, dieses Amt zu übernehmen. Seine guten Kontakte verhalfen uns immer wieder, neue Sponsoren zu finden. Beliebt waren seine Hofführungen und der vergnügliche Ausklang im schattigen

Biergarten der kleinen Gastronomie, in der leider häufig die Pächter wechselten.

Eine Änderung des Konzepts der AWO bezüglich der Gestaltung der Hofleitung nahm auch Einfluss auf die Kooperation mit dem Förderverein. Hermann Bertram gab den Vorsitz wieder ab. Ich arbeitete weiter an der Restfinanzierung der Solaranlage auf dem Hofdach, die dank der vielen sonnigen Tage so viel Strom einspeiste, dass uns jährlich eine stolze Zahlung der Stadtwerke auf unser Konto erfreute.

Aber der Elan der ersten Jahre war dahin. Die anfangs gute Kooperation mit der AWO litt auch unter der häufig wechselnden Hofleitung. Dies führte schließlich dazu, den Förderverein 2008 aufzulösen, obwohl mit Volker Frings-Wikker zwischenzeitlich noch ein neuer Vorsitzender gewonnen werden konnte. Ein Überschuss nach allen Abrechnungen in Höhe von 3.000 Euro sollte zweckgebunden in die Kinder- und Jugendarbeit eingehen.

Unsere Kasse war mittlerweile so gut gefüllt, dass wir an die Restfinanzierung denken konnten. 2009 war es dann soweit: Die Umweltbank erhielt ihre letzte Rückzahlungsrate und damit waren alle Verbindlichkeiten erledigt. Die Solaranlage, die ca. 35.000 Euro gekostet hatte, war bezahlt. Allein durch die Stromgewinnung konnten wir schon beinahe 16.000 Euro verdienen. Dazu kamen über 8.000 Euro aus unterschiedlichen Unterstützungen, die dem Hof zugutekamen und die Arbeit mit den vielen Kindern erleichterten.

Bild 10   Der Ingenhammshof um 1920

50 Jahre in Meiderich: Minigolf und mehr

Von Dieter Lesemann

Über die Entstehung des Minigolfs gibt es unterschiedliche Theorien. Nach der einen sei das Spiel entwickelt worden, als die Golfspieler immer älter wurden und ihnen das Gehen zunehmend schwer fiel. Man begann zunächst, direkt vom Grün aus zu spielen, dann die Distanzen immer weiter zu verkürzen und schließlich das Ganze in graue oder rote Betonbahnen zu pressen.

Nach einer anderen Theorie sei das Minigolfspielen auf Campingplätzen entstanden, als Camper in Phasen der Langeweile versuchten, herumliegende und vergessene Tischtennisbälle mit Besen in Gullys zu befördern. Um die Herausforderung zu steigern, wurden aus den Gullys kleine Löcher im Asphalt, aus den Besen Metallschläger und die leichten Tischtennisbälle wurden durch schwerere Kunststoffbälle ersetzt.

Bei „Löcher im Asphalt" fällt es mir auf einmal wie Schuppen von den Augen: Seit Jahren müssen militante und maskierte Minigolf-Fanatiker durch Meiderichs Straßen ziehen, um nächtens Fahrbahndecken in Minigolfbahnen zu verwandeln. Die 18-Loch-Regel ist ihnen dabei wohl völlig schnuppe!

Seriöse Geschichtsforscher weisen auf ein Gemälde hin, das den chinesischen Kaiser Shu Han (Xuande) um 1430 beim Spiel einer Art „Golf auf Bahnen", Chuiwan genannt, zeigt. Da der Kaiser als versierter Maler galt, könnte er es selbst gemalt haben.

Andere Historiker hingegen meinen, dass es in den 1920er Jahren in den USA und England bereits Ansätze für ein „Golfspiel auf Bahnen" gab, das aber während der Zeit des 2. Weltkrieges wieder in der Versenkung verschwand.

Erst 1953 wurde in Locarno am Lago Maggiore der erste Minigolf-Platz mit 18 Bahnen eingeweiht. Die erste Minigolfanlage in Deutschland wurde 1955 in Traben-Trarbach errichtet.

Da waren wir doch in Meiderich gar nicht so schlecht. Nur 15 Jahre später nämlich gab es eine Minigolfanlage im Meidericher Stadtpark.

Ich erinnere mich noch an regelmäßige Minigolfpartien in den frühen 1970er Jahren nach dem sonntäglichen Skat-Frühschoppen im „Stern" auf der Von-der-Mark-Straße. Von zehn bis halb zwei wurde Bierlachs gespielt und dann – beladen mit acht bis elf Pils – ging es zum Minigolfen in den Stadtpark. Natürlich mit dem Auto. Irgendeiner muss wohl nichts getrun-ken haben. Wir bestellten vier Schläger, vier Bälle, vier Spielkarten mit Blei-stift und vier Flaschen Pils. Ob man das, was wir dann ablieferten, Minigolf nennen durfte, bezweifele ich. An manch einer Bahn fanden wir, dass die Idee der Camper mit den Besen, den Tischtennisbällen und den Gullys auch nicht so schlecht war…

Das alles ist in diesem Jahr ein halbes Jahrhundert her. Die Hahnenfeder dankt dem Team des Minigolfplatzes dafür, dass sie diese schöne Anlage für die Meidericherinnen und Meidericher bereit hält, pflegt und mit viel Liebe ideenreich gestaltet und dafür, dass sich so viel gesellschaftliches Leben rund um das Minigolf spielen auf dieser Anlage entwickeln konnte. Wir gratulieren herzlich!

II Kindheitserinnerungen

Packpapier zu Pergament

Von Helmut Willmeroth

Am 12. Juni 1946 wurde ich geboren. Ich wog gerade mal 900 Gramm. Meine Zwillingsschwester Edith starb kurz nach der Geburt.

Der Krieg war gerade ein gutes Jahr zu Ende, und der Kampf ums Überleben prägte die Zeit: das Organisieren von Essbarem und Kleidung, die Suche nach Heizmaterial. Für die Menschen bedeutete das, die Ärmel des oft einzigen Hemdes hochzukrempeln, zu improvisieren und genügsam zu sein. Für uns Kinder waren die Straßen, die Häuserruinen und die Hinterhöfe die Schauplätze.

Die Jahre vergingen, die Zeiten wurden besser. Ich freute mich über meine ersten Zinnsoldaten und Schuko-Autos. Besonders gern aber erinnere ich mich an die Spiele, die wir draußen auf der Straße spielten. Eigentlich waren wir immer draußen, bei jedem Wetter.

Wenn es regnete, drückten wir uns die Nasen an den Fensterscheiben platt und sahen zu, wie sich das Regenwasser zu Pfützen staute. Wenn es aufhörte zu regnen, bettelten und quengelten wir so lange, bis wir – trotz einsetzender Dämmerung – noch einmal raus durften.

Wir besorgten uns kleine Holzstücke, setzten Masten darauf und befestigten kleine Papierschnipsel daran. Dann zündeten wir das Papier an und ließen unsere brennenden Feuerschiffe über die Pfützen schippern. Ach was, Pfützen! Es war das große, weite Meer, das wir auch einst befahren wollten.

Zum „Reifen schlagen" brauchten wir einen Ring oder Reifen aus Holz oder Blech, auch ein alter Fahrradmantel war geeignet. Mit einem Stock konnte man den Reifen in Bewegung bringen und ihn am Laufen halten. Oder man brachte ihn dazu, sich wie ein Kreisel zu drehen und schaute seinen Pirouetten zu. Aus all dem konnte man auch spannende Wettspiele machen.

Zur Müllkippe sollten wir eigentlich nicht gehen, aber wenn wir es uns in den Kopf gesetzt hatten, Stelzen zu bauen, gab es kein Halten. Wir suchten uns kräftige Konserven- oder Farbdosen und stellten sie mit der Öffnung nach unten auf die Erde. Dann bohrten wir Löcher in den Dosenboden, steckten ein starkes Tau hindurch in das Innere der Dose und verknoteten das Tau, so dass es nicht mehr durch das Bohrloch nach außen gezogen werden konnte. Dann stellten wir uns mit dem linken und dem rechten Fuß auf je eine Dose, nahmen die beiden Tauenden in je eine Hand und liefen los. Als unsere Mütter das Geklapper hörten, ahnten sie, dass wir doch wieder auf der Müllkippe waren, wussten aber jedenfalls, dass wir in der Nähe waren.

Bild 11 Peter Paul Weber: Kind mit Drachen, 1950

Wenn sich im Herbst Drachenwetter ankündigte, gab es viel zu tun: dünnes Packpapier auftreiben, den Schreiner um Leistenabfälle bitten, bei Verwandten nach den Kerzenstummeln vom letzten Weihnachtsfest fragen und, und, und. Dann ging es an die Arbeit. Das Bügeleisen wurde auf die Platte des Kohleofens gestellt und gleichzeitig wurden die Kerzenreste heiß gemacht. Draußen im Hof – damit es in der Wohnung nicht so nach Wachs stank – wurde dann das heiße Wachs mit dem heißen Bügeleisen über das Packpapier gebügelt. Der Vorgang musste mehrmals wiederholt werden, denn sowohl das Wachs als auch das Bügeleisen kühlten ab. Aber dann endlich war das Packpapier fast zu Pergament geworden.

Dann mussten die Leistenreste fürs Drachengerüst zurechtgeschnitten und verleimt werden. Zum Verleimen erhitzten wir Plattenleim, wenn welcher im Haus war. Notfalls aber stibitzten wir der Mutter Mehl aus dem Mehltopf und stellten mit Hilfe von Wasser eine Ersatz-Klebemasse her.

Wenn das Gerüst fertig war, wurde es mit Schnur umspannt, das selbst geschaffene Pergamentpapier straff über sie gezogen und verklebt. Dann folgte noch die schwierigste Aufgabe: das Spannen, damit der Luftvogel sich ordentlich in die Brust werfen konnte. Die an den Enden der Leisten befestigten Schnüre wurden über ein Holzstäbchen, das senkrecht im Kreuzpunkt der Leisten steht, gespannt.

Für den Schwanz des Drachens knoteten wir zusammengedrehte Papierreste in eine Schnur, die am Ende der Längsleiste befestigt war. Geschafft!

Am nächsten Tag war Sonntag. Mein Vater zog mit mir los. Blies der Wind gut, stand ich stundenlang am anderen Ende der Schnur meines Luftvogels und verfolgte stolz seine majestätischen Bewegungen hoch oben am Himmel.

Schwarzbrotschnitte mit Quark

Lektorat und Vortrag: Friedel Lubitz
Idee: Richard Weber

Wenn ich an meine Jugendzeit denke, mal weich, mal hart oder so weit zurück. Mutter machte sich den Spaß und kaufte Quark. Schwarzbrotschnitte mit Rübenkraut und Quark. Mmh, schmeckte das gut. Das war was für uns Jungen. Ja, ich hatte 'ne leckere Zunge. Fünf solcher Schnitten waren schnell verdrückt, fünf solcher Schnitten, Stück für Stück, mit der sechsten auf der Hand ging ich schnell zum Straßenrand. Da fuhr der Ziegler grad vorbei, guckte mich von nahem ganz scharf an. „Junge, die Stulle ist zu dick, kriege ich heute etwas mit?" Jugendzeit, die flog so schnell dahin, denke ich doch still in meinem Sinn, schönste Zeit, die je gewesen, Schwarzbrotschnitte mit Quark.

Immer wenn ich am Wochenende zu Besuch nach Meiderich kam, Ende der 60er Anfang der 70er Jahre, gab es zum Kaffee ein ganz besonderes Schnittchen. Es war zwar keine Schwarzbrotschnitte mit Rübenkraut, aber ein Sahneschnittchen mit Schokosplittern. Diese kleinen Kuchenteilchen konnte man in der Bäckerei Thomas an der Ecke Unter den Ulmen/ Hoher Weg kaufen. Die Familie, die ich besuchte, hatte erfahren, dass ich ein "Süßmäulchen" war. Deshalb gab es für mich und natürlich auch für die Fa-milie dieses köstliche Gebäck, klein aber fein. Und weil auf den Pappteller genau sechs Schnittchen passten und wir nur mit fünf Personen an der Kaffeetafel saßen, blieb ja eins übrig. Und das bekam ich, als Gast des Hauses. Mmmmh, und wie ich das genossen habe.

Nächster Halt: Schiefbahn

Von Dieter Lesemann

An diesem Montagnachmittag in den Sommerferien 1960 sind Günter und ich mit unseren Rollern auf unserem Hof. Es gibt eine Menge zu tun, denn wir haben Großes vor.

Auf den drei Treppenstufen, die vom Hausflur in den Hof hinunter führen, stehen ein kleiner Eimer mit Wasser und ein Ölkännchen, und es liegen dort Putzlappen, eine Tube Chrompflege, verschiedene Maulschlüssel, eine Kombizange, ein Schraubendreher und eine Luftpumpe. Wir bringen unsere Ballonroller, Günters roten und meinen blauen, auf Vordermann. Der Mantel meines Vorderrades lässt zu wünschen übrig, wird aber halten.

Schließlich, nach mehr als einer Stunde Arbeit, sind wir sicher: Unsere Roller sind fit für die große Fahrt morgen. Wir wollen nämlich mit den Rollern nach Schiefbahn, wo Tante Emma, eine der Schwestern meiner Oma, wohnt. Schiefbahn ist eine eigenständige Gemeinde und liegt in der Nähe von Krefeld. Manchmal sind wir mit unserer ganzen Familie mit dem Auto nach Schiefbahn gefahren, um Tante Emma zu besuchen.

Deshalb weiß ich, wo man lang fahren muss und wie lange die Fahrt dauert: Man fährt über Ruhrort und die Rheinbrücke nach Homberg und dann weiter nach Schiefbahn, und es dauert nicht viel länger als eine halbe Stunde.

So mit Orts- und Zeitkenntnis ausgestattet, kann also bei unserer Rollerfahrt morgen nicht viel schief gehen. Vorsichtshalber verabreden wir uns aber für etwas früher als sonst: Um 9.00 Uhr nach dem Frühstück bei Günter vor der Haustüre.

„Heute schon so früh?" fragt meine Oma, als ich um kurz vor 9.00 Uhr aufbreche. „Ja, wir wollen mit den Rollern herumfahren", verschweige ich unser tatsächliches Vorhaben. „Denk dran, dass du zum Mittagessen wieder hier bist", schickt meine Mutter mir noch hinterher. ‚Das sollte zu schaffen sein', denke ich.

Günter steht schon vor seiner Haustür auf der anderen Straßenseite. Die erste Morgensonne lässt das frisch gewienerte Chrom seines Rollers blitzen. Ich habe Herzklopfen. Das wird toll!

Wir fahren los und sind schon bald am Ende der Straße Auf dem Damm. Ich schlage vor, nach rechts Richtung Bahnübergang zu fahren und dann über die Vohwinkelstraße an der Mauer des Stahlwerks entlang bis zur Straße Am Nordhafen. Dann sind wir ruckzuck schon in Ruhrort.

Kurz bevor wir auf die Vohwinkelstraße treffen, gibt es einen Bahnübergang über die Gleise der Eisenbahn von Ruhrort nach Meiderich. Die Schranke ist geschlossen. Wir warten geduldig und schielen zu dem Büdchen auf der anderen Seite der Vohwinkelstraße hinüber. Als der Zug vorbei ist und die Schranke hochgeht, queren wir die Gleise, dann die Vohwinkelstraße und beschließen, an dem Büdchen eine Rast zu machen.

„Zwei Mal für einen Groschen Pfefferminzbruch", bestellen wir. Der Mann in der Bude lässt die zwei Stücke mit einer Zange in je ein Tütchen plumpsen und reicht uns die Tütchen raus. „Macht 20 Pfennig", sagt er, und wir kramen in unseren Lederhosen, um jeder einen Groschen hervorzuholen. Wir legen unser Geld auf ein geschwungenes Glasschälchen auf der Ablage hinter dem Budenfensterchen. Das Glasschälchen rät dazu, HB zu rauchen, denn dann gehe alles wie von selbst.

„Wo soll's denn heute noch hingehen?" fragt der Budenbesitzer mit Blick auf unsere blitzenden Roller. „Nach Schiefbahn", sagen wir wie aus einem Mund. „Nach Schiefbahn?" wiederholt der Mann unser Ziel skeptisch. „Da habt ihr euch aber etwas vorgenommen. Das ist doch bei Krefeld!" „Ja, ja, ich weiß", sage ich stolz, „ich bin da schon oft gewesen. Das schaffen wir. Deshalb müssen wir jetzt auch los." „Wissen eure Eltern denn Bescheid?" fragt er scheinbar besorgt. „Natürlich!" schwindeln wir und sind auch schon an der Ecke Herwarthstraße.

Die Mauer, die am Stahlwerk entlang führt, ist unglaublich lang. Endlich sind wir am Werkstor in der Kurve und fahren nach links Richtung Nordhafen. Oben an der Ecke bleiben wir erst einmal stehen.

„Wie spät ist es wohl?" fragt Günter. „Keine Ahnung", antworte ich. „Ich frage mal die Frau mit dem Pudel, die da vorne kommt." - „Entschuldigung, können Sie uns sagen, wie spät es ist?" Die Frau nimmt die Hundeleine in die andere Hand und schiebt den linken Ärmel ihrer Bluse ein Stück nach oben. „Es ist 20 nach 12", sagt sie freundlich, und ihr Pudel mahnt sie zum Weitergehen.

Wir erschrecken beide. Sind wir tatsächlich schon drei Stunden unterwegs? „Wann musst du denn zum Essen zu Hause sein?" fragt Günter. „Um 1.00 Uhr", antworte ich. „Dann sollten wir unseren Plan besser ändern", schlägt er vor, „das schaffen wir sonst nicht." Ich stimme eilig zu.

Dann fahren wir über die Bürgermeister-Pütz-Straße Richtung Heimat. Zum einen gäbe es bestimmt Ärger, wenn ich zu spät komme, zum anderen könnte ich eventuell Möhren untereinander mit Frikadellen verpassen.

Als wir wieder vor Günters Haustüre stehen, schwören wir uns, dass wir das Vorhaben an einem anderen Tag nachholen. Dann wollen wir vielleicht schon um Viertel vor neun los und uns nicht wieder so lange an der Bude aufhalten. Tante Emma wird sich jedenfalls freuen!

(Auch in: „Möhren untereinander – Kindertage in Meiderich" v. Dieter Lesemann)

Kohlenklau

Von Werner Maistrak

Es war eisig kalt im Winter 1945/46, und selbst in unseren notdürftigen Betten wurde meinen drei jüngeren Geschwistern und mir nicht warm. Zu zweit schliefen wir in einem Bett auf einer mit Stroh gefüllten Matratze unter einem dünnen Oberbett.

Es war einige Monate nach Beendigung des zweiten Weltkrieges, den Deutschland verloren hatte. Wir, meine Mutter und wir Kinder, wohnten in einem kleinen Ort bei Osnabrück in einer Notwohnung ohne Heizung und Wasser. Geheizt wurde nur mit einem Herd, auf dem auch das Essen gekocht wurde. Unser Vater war seit drei Jahren in Russland verschollen. Ich war gerade erst 12 Jahre alt geworden und musste Mutter bei vielen Dingen helfen.

Alles, was zum Leben erforderlich war, gab es nur auf Lebensmittelmarken und Bezugscheine, so es in denn in den Geschäften überhaupt etwas gab. Wegen der Kälte brauchten wir auch nicht zur Schule. Das war auch gut so, denn mein einziges Paar Schuhe war nur noch Flickwerk, und ich hatte nur noch tragbare Holzschuhe, die gegen die Kälte auch mit Stroh ausgefüllt waren.

Meine Hauptaufgabe war es jeden Tag irgendetwas „Brennbares" zu beschaffen. Da hörten wir, dass im zwei Kilometer entfernten Güterbahnhof oft die Kohlenzüge hielten. Mit etwas Glück konnten einige Kohlestücke ergattert werden. So einfach, wie es hier erzählt wird, ging es natürlich nicht. Wenn die Züge hielten, konnte man auf die Waggons klettern und einige Kohlestücke heraus werfen. Das war jedoch nicht so einfach, denn diese Züge wurden von den Bahnleuten und auch der Polizei bewacht. Es war ja Diebstahl oder Kohlenklau, wie man es damals nannte.

Natürlich war ich mit einem Freund auch dabei, und wir hatten Glück: Einige Stücke konnten auch wir nach Hause bringen. Die Polizeiaugen blieben geschlossen und Mutter konnte das Feuer im Herd wieder etwas länger brennen lassen, und die Wohnung blieb warm.

Auch unsere Mutter hatte Glück, denn mit den Lebensmittelmarken konnte sie einige Pfund Kartoffeln ein kleines Stück Speck und eine Tüte voll Maismehl kaufen. Das musste natürlich wieder einige Tage reichen und um alle satt zu bekommen, wurden einige Kartoffeln gründlich abgewaschen, ganz fein gerieben, mit Maismehl verrührt und mit einem kleinen Speckstück gekocht. Diese Suppe war oft unser Lieblingsessen, und wir konnten eine Nacht wieder ruhig und einigermaßen gesättigt schlafen.

Dafür gab es am anderen Morgen aber wieder einen großen Schreck, als ich nach meinem Fahrrad sah. Beide Reifen waren platt und nicht mehr zu flicken.

An neue Reifen zu denken war sinnlos, es gab keine zu kaufen. Das Fahrrad gehörte meinem Vater, und ich hatte darauf vor einigen Jahren sehr mühevoll das Radfahren gelernt. Nur ein Problem gab es: Ich war noch nicht groß genug und kam daher auch nicht vom Sattel aus an die Pedale. Dann habe ich mir aber etwas einfallen lassen. Ich steckte mein rechtes Bein unterhalb der Stange bis auf die Pedale und habe so hockend meine ersten Fahrversuche unternommen. Nach etlichen Stürzen und blutigen Schrammen lernte ich dann Radfahren.

Doch das war jetzt erstmal vergessen, denn ohne Bereifung ging nichts mehr. Alles Mögliche haben wir erfolglos versucht. Da kam meinem Freund Helmut die Idee, es doch mal mit einem alten Gartenschlauch zu versuchen. Wir fanden auch noch ein passendes Stück und überlegten lange, wie aus einem Gartenschlauch eine Fahrradbereifung entstehen soll. Erst haben wir ein Stück passend zum Umfang der Radfelge geschnitten. Das hat schon einen halben Tag gedauert und alles bei starkem Frost. Eine Werkstatt hatten wir nicht und auch kein geeignetes Werkzeug. Das Schlauchstück musste ja auf der Felge stramm befestigt werden und durfte nicht herunter fallen. Mit einem alten Nagel haben wir an den Enden erst versucht Löcher zu bohren. Das klappte nicht, dann haben wir in der Restglut unseres Ofens den Nagel glühend gemacht. Jetzt brauchten wir noch passenden Draht, den wir zum Glück fanden. Endlich, nach zwei Tagen war es geglückt, die neue „Bereifung" so fest zu spannen, dass sie nicht mehr abrutschte.

Klappernd drehten wir die ersten Runden, und einen Tag später konnte ich schon wieder zum Abenteuer "Kohlenklau" im Güterbahnhof starten. Und ich hatte weiteres Glück, denn die Bahnpolizei hatte auch „kältefrei" und musste nicht arbeiten, und auch von den Bahnleuten war nichts zu sehen. Es war nämlich Sonntag, und das nutzten viele andere Menschen, die auch kalte Wohnungen hatten. Für die nächsten Tage war das Problem des Heizens gelöst.

Bald konnte man in den Geschäften wieder mehr kaufen. Sogar ein Paar Schuhe konnte Mutter wieder erwischen, wenn auch zwei Nummern zu groß. Aber wozu gibt es Stoffreste, mit denen man die Füße warm einwickeln kann. Bald ging es auch wieder zur Schule und zum Schluss kann ich nur sagen, dass ich seit diesen Tagen den Winter nicht liebe. Aber an viele Dinge dieser Zeit kann ich mich noch erinnern und wenn ihr wollt, schreibe ich das für euch noch auf.

Die HaWeRaCa-Gilde

Von Dieter Lesemann

Nach Erinnerungen von Werner Radermacher

Eine Landwehr sollte den besiedelten Teil Meiderichs vor menschlichen und tierischen Feinden, die über das unwegsame Gelände der Lipperheide eindringen wollten, schützen. Diese Landwehr erstreckte sich etwa von der Mitte der Styrumer Straße bis hoch zur Emscher.

Dort, etwa wo heute die Kanalbrücke Koopmannstraße den Rhein-Herne-Kanal überspannt, gab es einst ein Tor zur Lipperheide, das über einen eisernen Bügel zu öffnen und zu schließen war. Von diesem Bügel soll die Bügelstraße ihren Namen erhalten haben.

Beginnen wir mit einem dunklen Kapitel in der Geschichte der Bügelstraße, eine Geschichte, die sich um die alte Essigfabrik rankt: Wie auch in Räumen des Gastbetriebes „Viktoria" so waren auch in der Essigfabrik während des Zweiten Weltkrieges russische und ukrainische Kriegsgefangene, die zur Zwangsarbeit verpflichtet worden waren, untergebracht. Es war erschreckend zu sehen, wie sich Neuankömmlinge ausgehungert auf die Abfallhaufen stürzten.

Während der furchtbaren Bombennacht in Meiderich vom 14. auf den 15. Oktober 1944 kamen viele dieser Menschen ums Leben, weil die SS-Aufsicht sich weigerte, sie aus dem brennenden Gebäude herauszulassen.

Der Luftschutzbunker für die Anwohner lag übrigens an der kleinen Stichstraße, die zum Rütter-Haus führte.

Wir Kinder, die wir während des Krieges hier aufwuchsen, nahmen das Schreckliche zwar wahr, sammelten jedoch am nächsten Tag Flaksplitter bei den Stellungen der Flugabwehrkanonen oder Bombensplitter in dem Krater einer Luftmine und trieben, vor allem nach Ende des Krieges, unser Unwesen in den Ruinen und Trümmergrundstücken. Wir Kinder, das war in erster Linie die HaWeRaCa-Gilde. Die ersten zwei Buchstaben unserer Familiennamen genügten, um dem Unwesen einen Namen zu geben.

Natürlich gab es auch andere spannende Plätze in der Umgebung. Da war zum Beispiel das Gässchen „In den Dörnen", das in den 50er Jahren verschwand, als der Abschnitt der Bügelstraße bis hin zur Varziner Straße entstand und die Bahn dort Häuser baute.

In einem kleinen Haus in den Dörnen lebte ein alter Schuster mit seiner Tochter, der, keiner weiß mehr genau warum, das Schicksal des Schneidermeisters Böck in Wilhelm Buschs *Max und Moritz* teilte. Jedenfalls war er, den wir nur den „ollen Liai" nannten, seit jeher Ziel zahlloser Streiche von uns frechen Blagen. Eine Zeitlang war das Haus nahezu jeden Abend Ziel unserer Gilde und zahlreicher anderer Kinder, um die Hausbewohner zur Weißglut zu reizen oder sogar ein spezielles Spottlied auf sie zu singen.

Dass sich nicht nur wir Blagen, sondern gelegentlich auch Erwachsene Fehltritte leisteten, soll hier nicht unerwähnt bleiben. So titulierte unser Onkel Ferdinand die Besitzerin des Kinos auf dem Laacks'schen Gelände einmal als „Mistbiene", wofür er sich später in aller Form entschuldigen musste.

Es gab auch viel Grün und Idylle auf unserer Straße. Da war zum Beispiel die markante Pappel, in deren Schatten der Friedhofsverwalter mit seiner

Familie wohnte, da waren bis in die 50er Jahre die Kleingärten, der musterhaft gepflegte Garten von Onkel Hans und nicht zuletzt am Bahndamm die ehemalige Blockstelle Thiel der Eisenbahn, die, als sie von Tante Ilse und Onkel Fritz bewohnt wurde, den Namen Villa Friedrichsruh trug.

Gern versammelten wir uns auch sommers vor der Eisdiele im alten „Düster"-Haus, wenn wir denn 10 oder 20 Pfennig übrig hatten, und gingen anschließend zurück an unsere „Riviera", wie wir den, nur einen Steinwurf entfernten, Rhein-Herne-Kanal nannten.

Zum Einkaufen schickte man uns Kinder ins Konsum an der Ecke Gelderblomstraße, die bis 1956 noch Walzstraße hieß, oder zur Bäckerei Biedemann, später Gregorius.

Gräflicher Besuch auf der Lösorter Straße 24

Lektorat und Vortrag: Dieter Lesemann
Idee: Heinz Pitz

Dort, wo sich jetzt auf der Biesenstraße die Einfahrt zum Friedhof und zum Seniorenheim St. Elisabeth befindet, stand früher ein Haus mit einem doppelten Treppenaufgang: die Kaplanei von St. Michael. Dort wohnten zu unserer Zeit immer Kapläne, die wir - meine Brüder und ich - als Messdiener (Pitz 1, 2, und 3) gut kannten.

Ab Sommer 1945 wohnte dort als Kaplan Graf Raphael Droste zu Vischering, der nicht nur wegen seiner Größe von 2,06m ein hervorragender Mann war. Er war verwandt mit dem Kardinal Graf von Galen, dem Bischof von Münster. Wenn wir ihn als „Herr Graf" ansprachen, verbesserte er uns: „Kaplan ist mehr als Graf." Meine Zwillingsbrüder Wilhelm und Bernhard hatte er besonders in sein Herz geschlossen, denn sie verstanden es, bei besonderen liturgischen Anlässen, ausgiebig mit Weihrauch zu hantieren, was dem Küster gar nicht gefiel. Aber sag mal etwas gegen einen Grafen.

Er also war der Bewohner besagter Kaplanei. Sein Pech: Zur Stunde der Siesta kamen immer die Schüler der Südschule (heute Heinrich-Bongers-Schule), die auf der Lösorter Straße wohnten - allesamt evangelisch - dort vorbei. Die besondere Treppe, das allein stehende Haus, der günstige Fluchtweg unter der Eisenbahnbrücke hindurch und vielleicht auch nur die Tatsache, dass dort ein Kaplan wohnte, reizte immer wieder einige Knaben, dort Schellekes zu machen.

Bis zu jenem besagten Tag. Da öffnete sich die Haustür und heraus trat die Gestalt des Kaplans. Eines Grafen würdig schritt er unübersehbar über die Biesenstraße, dann in die Lösorter Straße, bis hin zur Hausnummer 24, wo unser Freund Horst mit seiner Familie wohnte.

Horst war an diesem Tag unglücklicherweise einer der Störenfriede. Seine Eltern bekamen also gräflichen Besuch. Ein paar ermahnende Worte - vielleicht auch ein paar geistliche - mussten sich die Eltern wohl anhören. Alle bekamen das mit. Keiner ließ seine innere Freude durchblicken, auch wir nicht. Alle schwiegen. Schließlich waren wir auch keine Engel. Aber der Herr Kaplan hatte von diesem Tag an seine Ruhe.

Später ist unser Kaplan dann in Recklinghausen Dompropst geworden. Er starb im Jahre 1987. R.I.P.

Bild 12   Die Südschule (heute Heinrich-Bongers.Schule) zu Anfang des 20. Jahrhunderts

Foul ist, wenn's blutet!

Von Helmut Willmeroth

Unser Bolzplatz war früher auf der Kindergarten-Wiese, wie wir sie nannten. Man erreichte sie durch einen Durchgang neben dem Autohaus Heuking an der Neumühler Straße.

Natürlich hatten wir auch Regeln! Regel Eins hieß: „Drei Ecken – ein Elfer". Warum? Nun, manchmal spielten wir drei gegen drei oder sogar zwei gegen zwei; da brachte ein Eckball nicht viel.

Apropos Ball. Das Wichtigste war natürlich, dass überhaupt jemand einen Ball mitbrachte. Der war dann meist aus rauem Leder. Wenn es regnete und der Ball durch Pfützen oder Matsch rollte, dann saugte er sich so voll, dass er tonnenschwer wurde. Kopfbälle waren eine Mutprobe. Sie waren schmerzhaft und die Ledernähte hinterließen oft hässliche Spuren auf der Stirn.

Wie auch immer, wer einen Ball mitbrachte war natürlich der King und konnte sich Chef-Allüren leisten: „Ersten alles!" rief er vor dem Spiel und machte damit klar, dass er den ersten Freistoß und den ersten Elfer schießen würde. Nicht die erste Ecke, die gab es ja nicht.

Während des Spiels simulierten wir gern ein Oberliga West- oder Bundesliga-Spiel. Einer war Michael Bella, einer Günter Preuß, aber auch Beckenbauer, Overath, Netzer oder „Ente" Lippens waren erlaubt. Wer den Ball führte, kommentierte gleichzeitig im Radioreporter-Stil: „... und Bella passt nach außen, dann kommt die Flanke, Kopfball, ... aber wieder eine wunderbare Parade von Meier, der heute wirklich alles hält!"

Ein Spiel ging übrigens bis Zehn. Die Mannschaft, die zuerst zehn Tore erzielt hatte, war der Sieger.

Regel Zwei hieß: „Letzter Mann hält!" Eine wichtige Regel, denn schließlich hatte selten einer Lust, die ganze Zeit zwischen den Pfosten zu stehen, zu-mal wenn die Teams sehr klein waren. Nach dieser Regel durfte der letzte Mann dann wie ein Torwart die Hände zum Einsatz bringen.

Die Pfosten waren übrigens mal Jacken, mal Taschen, mal Erdhaufen. Als wir einmal bei der Suche nach dem Ball Holzlatten im Gestrüpp fanden, war das wie ein Sechser im Lotto. Nur der letzte Mann, also der Torwart, musste dann aufpassen, dass ihm die Latten bei einem Pfostenschuss nicht um die Ohren flogen.

Bild 13   Fußballtor Marke "Eigenbau"

Die dritte Regel lautete: „Foul ist, wenn's blutet!" Wehleidig sollte man besser nicht sein. Solche Mami-Lieblinge, die sich bei jeder Kleinigkeit auf der Wiese wälzten und vor Schmerzen schrien, spielten genau einmal mit.

Schnell zu sein, war auch nicht von Nachteil. Manchmal tauchten nämlich ältere, stärkere Jungs aus dem Hagenshof auf und beanspruchten den Platz für sich. Mit diesen „Hohlbirnen", wie wir sie manchmal nannten, legte man sich besser nicht an. Meistens hatten die auch keinen Ball dabei. Dann hieß es: „Ball raus oder es gibt was auf die Nase!" Wir rückten dann natürlich lieber den Ball raus - und kriegten trotzdem was auf die Nase.

Festtage waren die Straßenspiele gegen die befreundeten Mannschaften vom Gerhards- oder Frankenplatz und von der Moriansmühle. Dann spielten wir unsere Straßen-WM aus und tauschten selbst gemalte Wimpel.

Einmal verloren wir das Endspiel, weil Udo den entscheidenden Elfmeter verschießt. Warum? Nun, es war ein verregneter Tag und Udos Mutter hatte Udo mit den Gummistiefeln rausgeschickt. Das war so ziemlich das Schlimmste, was einem passieren konnte: In Gummistiefeln den entscheidenden Elfer versemmeln! Da braucht man nur noch eine Höhle, in die man sich verkriechen könnte!

So spielten Kinder ab 1945

Lektorat und Vortrag: Friedel Lubitz
Idee: Siegmar Zerulla

Damals, Ende der 40er Jahre, hatten wir Kinder noch viel Platz zum Spielen. Da gab es unbebaute Grundstücke, Hausruinen aus der Zeit des Krieges, sowie Straßen, auf denen Autos nur selten fuhren. Auf der Borkhofer Straße, wo ich meine Kindheit erlebte, stand sogar noch ein Bunker.

An der Einmündung in die Gerrickstraße wurde Fußball gespielt und Tretroller – so man denn einen besaß – oder auch Fahrrad gefahren. Von Zeit zu Zeit kam ein Vermieter von Tretrollern in unsere Straße. Bei ihm konnte man für wenig Geld einen Tretroller für ein Stündchen mieten. Das war für die, die das Geld fürs Mieten hatten, immer eine tolle Abwechslung. Gekauftes Spielzeug hatten nur wenige. Es wurde auch draußen nicht gebraucht. Es gab ja abenteuerliche Plätze noch und noch, z.B. den Bunker, dessen Tür offen stand und in dem es so geheimnisvoll roch. Wer sich in den Bunker hinein traute, konnte noch Konservendosen aus den Kriegstagen finden. Die größeren Dosen hatten einen eingebauten Trockenspirituskocher. Damit konnte man den Inhalt der Dosen erwärmen.

Dann luden die Hausruinen des Fix-Blocks auf der Gerrickstraße zu lebensgefährlichen Balanceakten auf den Balken der Zwischengeschosse ein. Der nahe Güterbahnhof mit seinen Gleisen und dem Bahndamm animierte ebenfalls zu fantasiereichem und gefährlichem Spiel.

Da die meisten Kinder bzw. Jugendliche kein gekauftes Spielzeug zur Verfügung hatten, wurden Sport- und Spiel-

Bild 14   Meidericher Kinder Ende der 1940er Jahre

geräte selbst gebastelt. Ein beliebtes Spielzeug waren die Stelzen. Wir schlugen zwei Löcher mit einem Nagel an den Rand der Konservendosen und zogen dann einen dicken Draht oder ein starkes Seil durch die beiden Löcher. Beides musste eine Höhe von gut einem Meter erreichen. Danach stellten wir jeweils einen Fuß auf die geschlossene Seite der Dose, nahmen den Draht in je eine Hand und stolzierten damit über die Straße. Jetzt konnte das Dosenlaufen beginnen. Meist gab es eine Bruchlandung, weil die untere offene Dosenseite zusammenknickte. Großes Gelächter erfolgte, aber wir hatten unseren Spaß daran, besonders dann, wenn wir ein Wettlaufen veranstaltet hatten.

Mein erster Aufsatz

Von Werner Maistrak

Gerade habe ich das letzte Blatt des Meiderich-Textes einer Schülerin, die am Kükenflaum-Schreibwettbewerb der Hahnenfeder teilgenommen hatte, gelesen und mich dann an meine eigene Schulzeit vor etwa 75 Jahren erinnert. Es waren keine guten Erinnerungen.

Es war Krieg, und unsere Zeiteinteilung richtete sich nach der Sirene, die feindliche Bomberflugzeuge im Anflug auf deutsche Städte ankündigte. Sobald die Sirene zum Voralarm ertönte, durften wir nicht mehr zur Schule gehen, sondern mussten einen kleinen Felsenbunker aufsuchen. Sicher habt ihr Kinder von dieser schrecklichen Zeit deutscher Geschichte von euren Eltern oder in der Schule gehört.

Jetzt aber zu meinen Erinnerungen an einen Schultag in einer kleinen Dorfschule im Landkreis Osnabrück.

Ich war 11 Jahre alt und ging in die vierte Klasse. Die Schule hatte nur zwei Klassenräume, in denen jeweils zwei Klassen unterrichtet wurden. Meine Lehrer waren Frau Detering und mein Lieblingslehrer Herr Loxtermann, die abwechselnd beide Klassen unterrichteten. Ich hatte drei Kilometer zu laufen, ein Fahrrad hatte ich noch nicht. Wir, das waren meine Mutter und zwei jüngere Geschwister, wohnten in einem kleinen Bauernhaus, das meine Eltern vor einigen Jahren gekauft hatten. Unseren Vater hatten wir schon zwei Jahre nicht mehr gesehen, er war als Soldat in Russland.

Vor der Schule hatte ich noch unseren Kaninchenstall zu versorgen. Dann nahm ich meinen leichten Tornister. Ich hatte nur zwei Leihbücher der Schule, neue Bücher gab es zu der Zeit nicht. Auch keine Schreibhefte, sondern nur lose Blätter, die nach Möglichkeit in „Schönschrift" beschrieben werden sollten. Kuli oder Füller gab es nicht. Wir hatten nur Federhalter und auf der Schulbank ein Tintenfass.

Mein Schulweg ging über eine Dorfstraße oder über Feldwege über einen kleinen Berg, auf dem Riesenscheinwerfer standen, die nachts den Himmel ableuchteten, wenn Bomberflugzeuge unser Gebiet überflogen. Sie sollten dann von den auf anderen Höhen stehenden Flakgeschützen abgeschossen werden. Wir haben aber nie gehört, dass sie getroffen haben. Die Scheinwerfer hätte ich gerne einmal aus der Nähe gesehen, sie wurden aber von bewaffneten Soldaten bewacht. Also, weiter zur Schule.

Die Lehrer wurden in der Klasse dann, wir standen neben unseren Bänken, mit erhobenem rechten Arm und mit dem vorgeschriebenen Gruß: „Heil Hitler!" begrüßt. Dann folgte der Unterricht, der zunächst mit der aktuellen Situation unserer tapferen Soldaten an der Front begann. Viel Erfreuliches gab es zu der Zeit aber nicht mehr zu berichten.

Für uns ging es dann weiter mit den wenigen Fächern: Rechnen und Schreiben als Diktat oder Aufsatz nach einem vorgegebenen Thema. Bewertet wurde alles nach Inhalt, Fehler, Schönschrift und danach, ob es Tintenkleckse gab und wenn ja, wie viele. Für Hausaufgaben bekamen wir lose Blätter, vorschreiben mussten wir noch auf einer Schiefertafel. Das galt auch für Rechenaufgaben, obwohl wir größtenteils Kopfrechnen hatten, um Papier zu sparen. Da unsere Lehrerin ja gleich zwei Klassen unterrichten musste, wurden für eine Klasse die Aufgaben immer auf die große Wandtafel geschrieben. Ein Schüler hatte dann für seine Klasse die Aufsicht zu führen.

Fächer wie Allgemeinwissen, Heimatkunde oder Erdkunde wurden nur unterrichtet, wenn über die Kriegsfronten berichtet wurde. In den Pausen durfte nur Völkerball gespielt werden, Fußball war wegen möglicher Glasschäden verboten. Da kein Sportlehrer zur Verfügung stand, gab es auch keinen entsprechenden Unterricht. Für die Zeugniseintragungen gab es nur Laufen und Weitsprung, denn alle anderen Sportarten gab es ja bei der Hitlerjugend, bei der jeder ab 12 Jahren teilnehmen musste.

Schulende war drei Mal in der Woche um 12 Uhr und zwei Mal um 13 Uhr, um nachmittags noch in der Landwirtschaft helfen zu können. Spielmöglichkeiten gab es nicht viele und wenn doch, wurde Krieg gespielt, Räuber und Gendarm oder Verstecken. In der Schule wurden wir wieder mit dem Hitlergruß verabschiedet.

Ich musste nach Erledigung meiner Hausaufgaben wieder für Kaninchenfutter sorgen. In der Erntezeit half ich natürlich bei unseren Nachbarn bei der Ernte. Lohn war ein gutes Abendessen, das auch für meine Geschwister reichte. ALDI und andere Märkte gab es noch nicht, denn für alles Lebensnotwendige gab es Einkaufsmarken, für die es dann das Notwendigste im kleinen dörflichen Laden zu kaufen gab. Viel war es ja nicht.

Ich hatte nur einen Freund. Helmut hieß er, ging aber in die katholische Schule im Nachbarort. Wir hatten uns Fahrradeinzelteile besorgt und versuchten jetzt, uns hieraus fahrbare Räder zu basteln. Nur die Bereifung fehlte noch und war auch nicht zu beschaffen. Ein alter Wasserschlauch über die Felgen gespannt, ersetzte uns Schlauch und Fahrradmantel.

Sirenenalarm gab es heute Abend ausnahmsweise mal nicht, und wir brauchten daher auch nicht im Felsenbunker zu übernachten. Am anderen Morgen ging es ab sechs Uhr wieder mit Kaninchen füttern und die wenigen Schulsachen sortieren weiter. Dann wieder drei Kilometer, vorbei an den großen Scheinwerfern, querfeldein Richtung Schule. Heute sollten wir auf die Kartoffelfelder, um die schädlichen Kartoffelkäfer einzusammeln. Deshalb gab es nur zwei Stunden Unterricht.

Trotz allem: Ich habe doch noch etwas gelernt ...

Schönschreiben bei Frau Schweer

Von Dieter Lesemann

Wir hatten tatsächlich ein Zeugnisfach, das „Schreiben" hieß. In der zweiten Klasse der Volksschule an der Brückelstraße in Meiderich unterrichtete uns im Schuljahr 1957/1958 Frau Schweer in der *Deutschen Schrift*, die Sütterlin genannt wurde. Sie nannte das „Schönschreib-Unterricht".

Ein Zeitungsartikel von Jens Dirksen in der WAZ vom 16. Juli 2020 stellte die Bücher „Das ABC der Menschheit" von Matthias Heine und „Schreibschriften" von Lena Zeise vor, und die Erinnerung an „Schönschreiben" bei Frau Schweer kam wieder hoch.

Weitere etwa 4.000 Jahre zurück entstand in Ägypten die erste Alphabetische Schrift, nachdem es schon lange Hieroglyphen gegeben hatte. Das war eine gewaltige Veränderung, mit etwa zwei Dutzend Zeichen eine ganze Sprache darstellen zu können. „Die Erfindung des Alphabets war ein Schritt wie die Erfindung des Rades" schreibt Matthias Heine in seinem Buch.

1995 wurde im Grab des Pharaonen-Schatzmeisters Sennefer eine Kalksteinscherbe mit eingeritzten Buchstaben gefunden. Heine nennt sie die „älteste ABC-Fibel der Welt". Solche Scherben wurden auch als Stimmzettel bei Gerichtsverhandlungen benutzt, die über die Verbannung von Bürgern entschieden. Die Formulierung „ein Scherbengericht über jemanden abhalten" bedeutet heute etwa, hart mit jemandem ins Gericht gehen. (Das wäre zum Beispiel der Fall, wenn ein Gericht einen Meidericher aus Meiderich verbannen würde.)

Semitisch sprechende Menschen in Ägypten gingen daran, die Hieroglyphen nach dem Prinzip ‚Jeder Laut ein Buchstabe' in Buchstaben umzuformen. Der erste Buchstabe entstand aus der ägyptischen Hieroglyphe für *Rind* (Semitisch: Aleph – daher Griechisch: Alpha) und entspricht unserem großen ‚A'. Stellt man es auf den Kopf, sieht es aus wie der Kopf einer Kuh mit zwei Hörnern.

Die Entwicklung der Schreibschriften war jeweils abhängig von den Schreibgeräten (Lena Zeise in „Schreibschriften"). Vor etwa 2.000 Jahren gab es die römische *Kursive*, die man mit Griffeln in Wachstäfelchen einritzte oder mit Rohrfeder und Tinte auf Papyrus schrieb.

Wurde zur Zeit der deutschen Klassiker von Goethe bis E.T.A. Hoffmann Ende des 18. und über das 19. Jahrhundert mit dem Gänsekiel die *Deutsche Kurrentschrift* geschrieben, so waren deren Schwünge und Schnörkel der Stahlfeder zu Beginn des 20. Jahrhunderts viel zu schwierig. Deshalb bat man den Grafiker Ludwig Sütterlin eine vereinfachte Schrift zu entwickeln. Die Sütterlin-Schrift wurde ab 1915 in Preußen geschrieben und war ab 1924 im Deutschen Reich Pflicht.

Ausgerechnet die Nazis verboten 1941 die Deutsche Schrift und führten die lateinische Schreibschrift ein. Auf dem Höhepunkt ihres Antisemitismus begründeten die Nazis es damit, dass Sütterlin „Schwabacher Judenletter" sei. Die Schwabacher Schrift entstand im 15. Jahrhundert und war bis Mitte des 16. Jahrhunderts die vorherrschende deutsche Schrift. Bei ihrer Entwicklung sind jüdische Einflüsse historisch nicht nachgewiesen.

Bild 15   Die Brückelschule Ende der 1950er Jahre

Nach 1945 bis hinein in die 1980er Jahre wurde Sütterlin wieder an deutschen Schulen unterrichtet, unter anderem 1957 von Frau Schweer an der Meidericher Volksschule Brückelstraße.

Übrigens: Wer schreibt, treibt Sport. 17 Gelenke und 30 Muskeln geraten beim Schreiben in Bewegung. Außerdem ergab eine Studie, an der amerikanische Studenten teilgenommen hatten, dass mehr als die Hälfte derer, die mit der Hand bei Vorlesungen mitschrieben, komplizierte Zusammenhänge besser erfassten als diejenigen, die auf Laptops oder Tablets mittippten.

Das Feuerspiel

Lektorat und Vortrag: Friedel Lubitz
Idee: Siegmar Zerulla

Die Jugendlichen auf der Borkhofer Straße hielten das Stelzenlaufen auf leeren Dosen für eine harmlose Angelegenheit, aber die älteren Jungen suchten das Abenteuer und Risiko. Und beides fanden sie.

In den Konservendosen wurde ein Holz- oder Kohlefeuer angezündet. Damit das Feuer auch gut brannte, wurde die Dose hin- und hergeschwenkt. Ganz Mutige ließen die Konservendosen mit dem glühenden und befestigten Draht am langen Arm über ihre Schultern kreisen. Dann warfen sie die Dose mit der brennenden Kohle so weit weg, wie sie sie schleudern konnte.

Bild 16   Der Wasserturm am „Schwarzen Weg" - erbaut 1910, abgerissen 1992

Dieses „Brennende-Dosen-Weitwerfen" war, wie wir heute wissen, für uns selbst und andere sehr gefährlich. Dieses Feuerspiel geschah meist im Bereich des Bahndammes, der hinter den Häusern der Borkhofer Straße zwischen dem so genannten „Schwarzen Weg", dem heutigen Töniskamp, und der Gerrickstraße verlief. Unser Spiel blieb der Bahnpolizei nicht verborgen. Natürlich liefen wir weg, wenn sich Bahnpolizisten näherten. Trotzdem wurde der eine oder der andere von der Polizei gefasst und zu den Eltern gebracht. Zuhause gab es die nötigen Ermahnungen und oft auch „einen oder zwei hinter die Löffel".

Ich wurde auch einmal von den Bahnpolizisten, dem Vorsteher des Güterbahnhofes Herrn Bundesbahn-Amtmann Giesen, vorgeführt. Auch bei ihm bekam ich eindringliche Worte zu hören.

Einige Jahre später - das Hantieren mit den feurigen Konservendosen war lange ‚out'- war die Zeit gekommen, sich um eine Lehrstelle zu bemühen. Lag es an der Nähe unserer Wohnung zum Bahndamm, wo man die Geräusche der Eisenbahn tagsüber und nachts so gut hören konnte, das Gequietsche der Eisenbahnräder, wenn sie auf einen Hemmschuh liefen, die Lautsprecherdurchsagen, wie „Ablauf nach Gleis 43 läuft nach 44" oder war es die Faszination, die Lokomotiven auf mich ausübten? Mir wurde klar, ich wollte mich um eine Lehrstelle bei der Bahn bemühen.

Zuvor brauchte ich Informationen über die Ausbildungs- und Aufstiegsmöglichkeiten bei der Bahn. Also ging ich zum Büro des Güterbahnhofes Duisburg-Ruhrort-Hafen am Schwarzen Weg nahe dem ehemaligen Wasserturm. Und dort lief ich prompt dem Bahnhofsvorsteher Herrn Giesen über den Weg. Der stutzte, erkannte mich und fragte überrascht: „Du willst bei mir anfangen?" Ich weiß nicht, ob mein kurzes Zusammentreffen mit dem Vorsteher irgendeinen Einfluss auf meine Bewerbung hatte, jedenfalls bekam ich die Lehrstelle bei der Bahn.

III Kükenflaum – Geschichten

Abenteuer in der Siedlung

Von Lias Lesemann, Klasse 4 der Heinrich-Bongers-Schule (2019)

Die "Siedlung" sind die Häuser auf dem alten Milchhof. Ich verabrede mich mit meinen Freunden manchmal dort. Wir sind so etwas wie eine Bande. Meine Freunde und ich spielen meistens „Zombie – Apokalypse". Das ist so wie Fangen spielen. Wenn jemand gefangen wird, muss er mit fangen.

Wir gehen manchmal zu REWE oder zur Bude und kaufen uns Süßigkeiten und Eis. Ich habe schon viele neue Eissorten probiert, z. B. Toblerone. Manche meiner Freunde dürfen nicht zu weit von der Siedlung weg. Dann bringen wir ihnen etwas mit.

Ein paar meiner Freunde wohnen in der Siedlung. Ich würde auch gerne dort wohnen und jeden Tag zum Spielen rausgehen.

An meinem ersten Tag dort haben wir ein Messer in einem Styroporblock auf der Baustelle gefunden. Einer Sage nach wohnt im Milchhof ein Mörder. Wenn man vor dem Milchhof steht, sollen nach zehn Minuten Geräusche ertönen, nach zwanzig Minuten soll er vor dem Fenster stehen, und nach dreißig Minuten soll er runterkommen.

Uns ist es einmal passiert, dass es so aussah, als ob jemand durch die Siedlung laufen wollte. Nach zehn Minuten ertönten Geräusche. Es war ein bisschen gruselig, und wir sind schnell weggelaufen. Trotzdem treffen wir uns noch immer jede Woche dort.

Arno, der Fernsehheld

Von Leonie Knaust, Klasse 4 der Heinrich-Bongers-Schule (2019)

An einem gemütlichen Donnerstag in den Pfingstferien, war ich Helferin beim Reiterferienprogramm mit meinen Freundinnen Leo und Laury. Wir halfen dort den Kindern beim Umgang mit den Pferden und Ponys und beim Reiten lernen. Auf einmal kam ein Kamerateam auf den Hof gefahren. Sie wollten spontan eine Reportage über den Lernbauernhof Ingenhammshof drehen. Das Team war übrigens vom WDR.

Die Leute des Teams fragten uns, ob zwei Helfer die kleineren Ferienkinder für ihre Reportage herum führen könnten. Da sagte unsere Reitlehrerin: „Das machen Leonie und Leo doch bestimmt gerne!" Daraufhin standen wir auf und gingen mit. Wir waren aufgeregt.

Wir holten die zwei kleinen Shetlandponys ‚Räuber' und ‚Hexe' aus dem Stall, um sie mit den Kindern gemeinsam zu putzen und zu satteln. Danach führten Leo und ich die Kinder auf den Ponys im Kreis herum. Dabei wurden wir die ganze Zeit gefilmt, und die Kinder und die Reitlehrerin wurden zum Ferienprogramm interviewt.

Aber der Tag war noch nicht zu Ende. Meine Freundin Leo sollte dann nämlich noch den großen Haflinger Arno (das Riesenbaby) reiten. Also richtig vorreiten auf dem großen Reitplatz, ohne geführt zu werden.

Leo und Arno waren ein bisschen aufgeregt, und Arno hatte trotz seiner Größe zuerst auch etwas Angst vor dem Kameramann und seinem Mikrofon. Er fand das wohl sehr gruselig, und er wollte immer davor wegrennen. Aber nach ein paar Minuten wurde er doch noch mutig, und Leo konnte noch ein paar Runden vorreiten, ohne dass Arno weglaufen wollte. Die beiden wurden dann noch zum Thema „Reitunterricht" interviewt.

Am Ende des Tages haben sich die Kameraleute bei uns bedankt und sich verabschiedet. Das war ein sehr aufregender Tag. Am Abend habe ich mit meiner Familie die Reportage von der Couch aus auf WDR geschaut.

Das Schwimmbad am Zuschlag

Von July Quast und Deniz Arikan, Klasse 4 der Zoppenbrückschule (2019)

In der 3. Klasse gingen wir jeden Montag zum Schwimmtraining. Unsere Klasse wurde in Schwimmer und Nichtschwimmer von unseren Lehrerinnen unterteilt.
Auf den Schwimmunterricht freuten sich alle, weil wir viel lernten und sehr viel Spaß hatten.
In den ersten zehn Minuten war freies Spiel. Da durften wir machen, was wir wollten. Danach mussten wir Bahnen schwimmen. Manchmal tauchten wir oder sprangen von den Startblöcken. Manchmal kam auch der Schulleiter mit.
Unsere Lehrerin hat uns erklärt, dass das Schwimmbad geschlossen werden sollte. Ein Verein hat es übernommen, und deshalb können wir in Meiderich weiter schwimmen lernen.

Der Stadtpark

Von Jason Susen, Klasse 4 der Zoppenbrückschule (2019)

Im Stadtpark gibt es einen Wasserspielplatz für große und kleine Kinder und auch für Erwachsene. Es gibt dort eine Wasserpumpe. Damit kann man das Wasser zum Spielen heraufpumpen. Es gibt auch einen kleinen Bagger, den man bedienen kann. Im Winter ist die Pumpe abgestellt

Im Sommer grillen wir manchmal im Stadtpark oder kaufen uns ein Eis. Immer spielen wir Verstecken mit den tollen Möglichkeiten oder klettern auf den Spielgeräten herum. In der Nähe gibt es auch einen Basketball- und einen Fußballplatz.

Ich hoffe, dass die Spielmöglichkeiten im Stadtpark erweitert werden.

Bild 17 Spielgeräte im Meidericher Stadtpark

Der Schwarze Weg

Von Sophie Bleckmann, Klasse 4 der Zoppenbrückschule (2019)

Der „Schwarze Weg" ist ein kleiner, schöner Weg, der von der Siedlung Ratingsee bis zum Stadtpark führt. Natürlich ist der Weg nicht schwarz. Warum ihn alle so nennen, weiß ich nicht.

Ich finde den Weg sehr schön, weil man durch sehr viel Grün läuft. Man hört die Vögel zwitschern, und der Duft der Blüten steigt einem in die Nase. Der Weg führt an unserer Schule und am Trainingsgelände des MSV vorbei.

Im Sommer ziehe ich mich manchmal auf den Weg zurück, weil die vielen Bäume am Wegrand Schatten spenden und es hier so schön leise ist. Im Winter haben wir dort mit unserer Lehrerin und dem Schulhund Lucy im Schnee gespielt. Schade, dass viele Menschen die Kothaufen ihrer Hunde nicht aufsammeln.

Ich hoffe, der Weg bleibt noch lang erhalten.

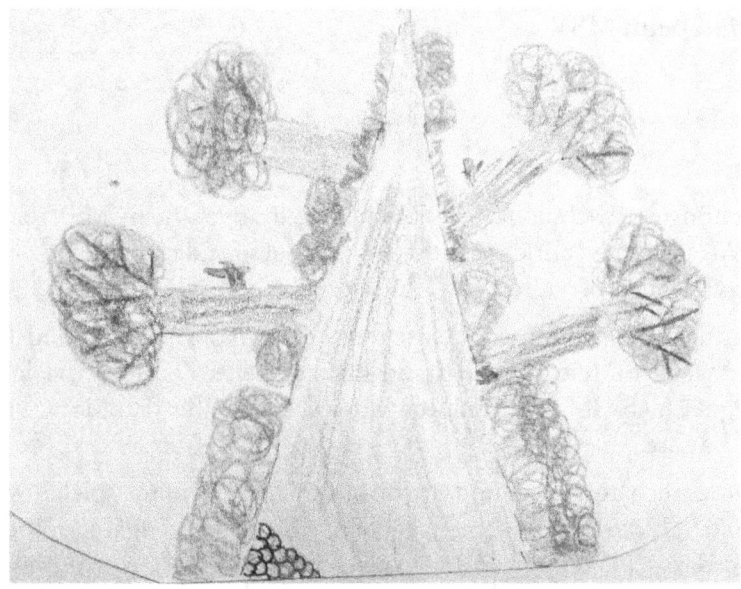

Bild 18 "Der Schwarze Weg"

Die Von-der-Mark-Straße

Azra Öztürk, Klasse 4 der Zoppenbrückschule (2019)

Immer nach der Schule gehen Lenn, Maya, Zoe, Meliha, Aliha, Angelina und ich auf die Von-der-Mark-Straße.
Dort spielen wir immer oder kaufen uns etwas zu essen. Einmal wollten wir zuerst eine Pizza essen und dann für einen Tanz üben, den wir vor der ganzen Schule aufführen wollten. Wir tanzten und tanzten und am Ende gab uns ein Mann einen Euro. Das hat uns glücklich gemacht.
Wir kauften uns davon sieben Center Shock - Kaugummis und machten daraus eine Challenge: Jeder musste eine der sieben verschiedenen Sorten erraten.
Dann gingen einige von uns nach Hause. Lenn, Maya und ich spielten noch draußen. Lenn seufzte: „Das war ein langer Tag." „Ja, das war es", sagte Maya. „Also, ich finde, das war ein schöner Tag", erwiderte ich.
Dann verabschiedeten wir uns und machten aus, in der nächsten Woche wieder einmal auf die Von-der-Mark-Straße zu gehen.

Einlaufen beim MSV

Von Joel Salvatore, Klasse 4 der Heinrich-Bongers-Schule

Mein schönstes Erlebnis in Meiderich war, dass ich beim MSV einlaufen durfte. Als ich die Nachricht erfuhr, war ich der glücklichste Junge der Welt. Ich war von oben bis unten mit Glücksgefühlen überfüllt.

Nun war der Tag gekommen. Heute musste ich in die Schauinsland-Reisen-Arena einlaufen. Mein Freund stand mir zur Seite. Darüber war ich froh. Der Gegner hieß Holstein Kiel. Ich wusste, dass es für den MSV schwierig werden könnte.

Ich musste mich aufstellen und hoffte auf meinen Lieblingsspieler Stanislav Iljutcenko. Als die Spieler kamen, sah ich schon die legendäre Nummer 11. Er stand direkt neben mir und wir quatschten sogar. Aber dann musste er ein Stückchen vorrücken. Es stellte sich heraus, dass ich mit Cauly Oliveira Souza einlief. Ich war trotzdem glücklich. Wir liefen ein. Anschließend mussten wir allein zurück rennen.

Das Spiel ging los, und es war spannend. Leider war das Ergebnis 3: 1 für Holstein Kiel. Die Tore fielen in der 9., 78., 88. und 92. Minute. Die Torschützen waren Kingsley Schindler, Dominik Drexler (zwei Tore) und in der 92. Minute Lukas Fröde für den MSV.

Für mich war dieser Tag einer der schönsten Tage meines Lebens.

Fahrradfahren in Meiderich

Von Lena Cop, Klasse 4 der Zoppenbrückschule (2019)

Hallo! In Meiderich ist es sehr schön. Deswegen fahre ich immer Fahrrad. Ich radele nicht immer allein, sondern ich hole meistens meine beste Freundin ab. Mit ihr gemeinsam sause ich auf der Straße.

Die Straße ist sehr friedlich, und es fahren fast keine Autos. Deshalb dürfen wir auf der Straße fahren. Wenn es regnet, suchen wir uns immer einen Platz, wo wir nicht nass werden. Manchmal treffen wir uns alle ohne Fahrrad auf dem Hof und spielen.

Mir gefällt es sehr gut in Meiderich.

Bild 19   Radfahren in Meiderich

Spielen vor der Haustüre

Von Deniz Arikan, Klasse 4 der Zoppenbrückschule

Meine Straße ist die Ostender Straße. Wenn ich um die Ecke gehe, ist dort ein riesiger Wald. Dorthin gehe ich immer mit meinem Hund Buddy.

Im Sommer gibt es bei uns auch ein großes Maisfeld. Das ist mein Versteck. Mein Freund und ich haben dort schon coole Sachen gefunden. Freitags spiele ich immer mit ihm. Meist fahre ich mit dem Rad und er mit dem Roller. Er traut sich schon recht viel, darf aber noch nicht so weit von zu Hause weg.

Wir haben auch einen riesigen Garten auf der anderen Straßenseite. Im Sommer spielen wir dort immer im Pool. Der ist riesig und hat so etwas Ähnliches wie ein Sprungbrett. Von dort aus springen wir hinein. In den Garten nehmen wir immer meinen Hund mit.

In unserer Nähe gibt es auch eine Bude. Da gehe ich mit einem anderen Freund immer hin und hole mir ein paar Süßigkeiten. Ich darf überall hin, wo mein Freund hindarf. Wir dürfen sogar schon über die Kanalbrücke.

Das brennende Auto

Von Diana Safonov, Klasse 4 der Heinrich-Bongers-Schule (2019)

Es geschah im letzten Jahr, 2018. Ich fuhr durch Meiderich und sah plötzlich viele Leute um ein Auto herum stehen. „Warum?" habe ich mich gefragt.

Als ich näher an das Auto herankam, sah ich, dass es brannte. Die Leute wussten nicht, was sie machen sollten.

Nach ungefähr 10 Minuten kamen zwei Feuerwehrautos und die Polizei. Das Auto konnte schnell gelöscht werden, und die Leute gingen wieder zufrieden nach Hause.

Auf einmal war es nicht mehr lustig!

Von Maja Jurgielewicz Klasse 4 (Zebraklasse) der Zoppenbrückschule (2020)

Als ich sechs Jahre alt war, war ich einmal mit meiner Mama, meinem Papa und meinem Cousin zum Minigolf im Meidericher Stadtpark. Es war richtig cool. In der fünften Runde war ich wieder dran, und da passierte etwas Lustiges: Ich hatte meinen Finger im Minigolfschläger verklemmt! Zum Glück wusste mein Papa aber, wie ich ihn wieder herausbekomme.

Als das Spiel zu Ende war, fuhren wir alle zusammen in eine Eisdiele. Jeder bestellte seine Lieblingssorten. Ich nahm Vanille und Erdbeere. Als wir dann alle am Tisch saßen, passierte schon wieder etwas Lustiges: Meinem Vater sind zwei Eiskugeln auf seine Hose gefallen! Wir alle lachten und lachten. Später gingen wir dann zusammen zum Auto zurück, und mein Vater musste immer noch über die beiden Eiskugeln lachen, die ihm auf die Hose gefallen waren.

Als wir am Auto angekommen waren, wollte keiner mehr lachen: Jemand hatte mit einem Messer zweimal in einen unserer Autoreifen gestochen!

Zum Glück hat mein Vater immer einen Ersatzreifen dabei. Viele Leute, die vorbei kamen, boten meinem Vater ihre Hilfe an, aber schließlich schaffte er es doch alleine, den Reifen zu wechseln.

Im Landschaftspark Duisburg-Nord

Von Sam Lang, Klasse 4 (Zebraklasse) der Zoppenbrückschule (2020)

Im Landschaftspark kann man viele spannende Sachen erleben: Manchmal werden dort Weltrekorde aufgestellt. Einmal gab es dort die größte Sandburg der Welt zu sehen. Ein anderes Mal entstand dort eine Unterwasserwelt aus Luftballons.

Es finden dort aber auch große Wettbewerbe statt wie „Ninja Warrior Germany" oder DSDS (Deutschland sucht den Superstar).

Im vorderen Teil des Landschaftsparks, wo die große Kraftzentrale steht, finden oft Messen statt, wie zum Beispiel die Angelmesse. Auf der anderen Seite, hinter den Hochöfen, gibt es viele große und grüne Flächen, und dort fließt auch die Emscher. Hier kann man mit seinem Hund spazieren gehen oder, wenn man einen Wohnwagen hat, dort hinfahren und übernachten.

Früher war hier ein großes Stahlwerk. Heute kann man überall hingehen und sich alles aus der Nähe ansehen.

IV Menschen in Meiderich

Grasfriseure

Von Helmut Willmeroth
Nach Erinnerungen von Ferdinand Philippi

Am 3. August 1939 erblickte ich auf der Bügelstraße in Obermeiderich das Licht der Welt und war damit ein „echter Meidericher Jung".

Als sechsjähriger Halbwaise erkannte ich schnell Not und Armut der Nachkriegszeit. Mit Steine klopfen, Schrott sammeln und als Kegeljunge konnte ich etwas Geld verdienen und meine Mutter in der schweren Zeit unterstützen.

Da die Brücken über den Rhein-Herne-Kanal zerstört und noch nicht wieder hergestellt waren, lernte ich schon mit sechs Jahren schwimmen. So konnte ich nämlich meinen Schulweg zur Koopmannschule verkürzen, indem ich mit dem Schulranzen über meinem Kopf ans andere Ufer des Kanals schwamm. Vier Jahre später wechselte ich zur Gartroper Schule und beendete dort meine achtjährige Schulzeit.

Neben meinem Amt als Messdiener in der Pfarrei St. Bernhard war natürlich der Fußball unsere liebste Freizeitbeschäftigung. Bei Straßenkämpfen, Schul- und Bezirksmeisterschaften lernten wir Jungs aus Meiderich uns kennen. Unter anderem traf ich „Eia" Krämer und Michael Bella, die mich bedrängten, doch auch zum MSV zu kommen. Mit 13 Jahren schloss ich mich dann der Fußball-Jugendabteilung des MSV an.

Ich suchte die Konkurrenz zu anderen guten Jugendfußballern und trainierte mit eisernem Willen, Fleiß und Geduld. Unter der Regie von Wilhelm Hesselmann und Heinz Neuhaus, unserem ständigen Begleiter, entstand eine Jugendabteilung, die weit über Meiderich hinaus für Furore sorgte. Fast alle Spieler kamen aus dem gleichen Milieu und waren waschechte Meidericher.

Schon ein paar Jahre früher standen Spieler wie Preuß, Nolden, Wieczorek, Geisen, Sehlhoff und andere mehr aus der Talentschmiede für die Oberliga West bereit. Währenddessen lagen B- und A-Jugendliche wie Rausch, Krämer, Lotz, Versteeg, Vos, Danzberg, Heidemann, Gräber, Müller, Stürzbecher, Wegener, Kämpgen, Kellermann, Hagenacker, Redwanz, Stumm und

Philippi schon in Lauerstellung. Später kamen Gecks, die Bella-Brüder, Pirsig, Worm und Mielke dazu.

Die Erfolge dieser Meidericher Jungs sind ausdrücklich ein Verdienst von Wilhelm Hesselmann, den wir auch „Hugo" nannten. Unter seiner Leitung wurden diese Jungs Nationalspieler, Bundes- und Oberliga-Spieler, Deutscher Vizemeister und später Trainer in höherklassigen Ligen. Auch die Ehrenamtlichen in der zweiten Reihe wie das Ehepaar Neuhaus, Frau Hesselmann, die Herren Degen, Brunn, Mertens, Hammentgen, Verholt, Haferkamp und den späteren Jugendobmann Hartmann sollte man nicht vergessen Diese Idealisten haben den Grundstein für die größten Erfolge der Vereinsgeschichte gelegt und sind leider nicht immer entsprechend herausgestellt worden.

Meidericher Spielverein

Jugendleiter: Heinz Neuhaus

Trainer: W. Hesselmann

Blau/weißes Hemd
Blaue Hosen

Spieler: Korthals, Heidemann, Stürzbecher, Gräber, Danzberg, Krämer, Pfilippi, Reduranz, Gromms, Kellermann, Stamm und Rausch.

Repräsentativ: Rausch (Fifa), Danzberg (Westdeutschl.), Stürzbecher, Gräber, Krämer (Niederrhein), Stamm und Heidemann.

Niederrheinmeister 1957 und in der jetzigen Saison ungeschlagen. Wir haben mit dem Meidericher SV die derzeit spielstärkste A-Jugendmannschaft Westdeutschlands in Berlin zu Gast.

Bild 20 Die A-Jugend des MSV: Niederrheinmeister 1957 mit Ferdinand Philippi (auf der Karte leider falsch geschrieben)

Manche meinten, in dieser Zeit lag das Augenmerk des Meidericher Spielvereins zu sehr auf der Hockeyabteilung. Es war nicht immer einfach, sich gegenüber den „Grasfriseuren", wie Eia Krämer die Hockeyspieler gern nannte, durchzusetzen. Soweit Ferdinand Philippis eigene Worte.

Als er der Jugendabteilung des MSV entwachsen war, wurde Ferdinand Philippi bald Kapitän der Amateurmannschaft, die unter Trainer Ömmes Schmidt drei Mal den Aufstieg schaffte. Am 17. Juli 1961 erhielt Ferdinand Philippi Post vom Meidericher Spielverein, mit der Herr Graffmann vom MSV ihn bat „zwecks einer Besprechung zur Geschäftsstelle (Clubhaus) zu kommen" (Zitat Ende). Er bekam einen Vertrag für die Oberliga West, in dem ihm eine monatliche „Entschädigung" in Höhe von 80,- DM und eine Spielzulage von 10,- DM „für die Mitwirkung in der ersten Mannschaft" (Zitat Ende) zuerkannt wurde. Zusätzlich konnte er 20,- DM für ein Unentschieden und 40,- DM für einen Sieg verdienen, allerdings nur bis zu einer Obergrenze von 400,- DM im Monat. In diesem Zusammenhang sei erwähnt, dass der MSV in den ersten Jahren nur das Trikot stellte. Hose, Stutzen, Schuhe usw. mussten die Vertragsspieler auf eigene Kosten im Sportgeschäft Thielen auf der Bahnhofstraße kaufen.

Geschenkt bekamen sie aber eine Weihnachtstüte, für deren Inhalt Wilhelm Hesselmann und seine Mitarbeiter durch die Meidericher Geschäftswelt zogen und um kleine Spenden baten.

Knapp ein halbes Jahr nach Vertragsbeginn verletzte sich Ferdinand Philippi im Spiel gegen den 1. FC Köln schwer, erlitt einen Schien- und Wadenbeinbruch und musste mit nur 23 Jahren seine Fußballerlaufbahn beenden.

Dass allerdings Pech und Glück eng beieinander liegen, erfuhr er, nachdem er aufgrund seiner Verletzung in das Meidericher St. Elisabeth-Hospital eingewiesen worden war: Er lernte dort seine Frau Heidi kennen, mit der er heute (2019) 55 Jahre verheiratet ist. Sie haben drei Söhne.

In der Zeit seines Krankenhausaufenthalts und seiner späteren Genesung besuchte ihn übrigens sein damaliger Trainer „Fischken" Multhaupt zwei Mal in der Woche. Jedes Mal brachte er eine ‚Bild'-Zeitung und eine Orange mit.

Überhaupt betrachtet er im Rückblick die Zeit beim MSV als Glücksfall für sein Leben. Das – vergleicht man es mit heutigen Verhältnissen – scheinbar geringe Grundgehalt und die bescheidenen Prämien halfen den Vertragsspielern damals doch sehr, hatten sie in der Regel doch nur wenige Groschen zur Verfügung und waren sich nicht zu schade, die letzte Frikadelle zu teilen.

Da kamen die Lehrgänge beim Westdeutschen Fußballverband gerade recht. Dort konnten sich die Fußballer endlich mal so richtig satt essen. Besonders gut schmeckte die Gulaschsuppe!

Nur im Team, mit der Mannschaft und in der Gemeinschaft ist Erfolg möglich! Diese Erkenntnis nahm Ferdinand Philippi mit in sein späteres Berufsleben.

Noch heute (2019) treffen sich die ehemaligen Spieler jeden Mittwoch im Clubhaus an der Westender Straße und erzählen sich die Geschichten von damals. Nicht selten singen sie die alten Vereinslieder. Dass die Gruppe im Laufe der Zeit natürlich immer kleiner wird, ist traurig, aber leider auch wahr.

Knüddelkes-Papp und Mutterklötzkes

Von Dieter Lesemann

Nach Materialien der Untermeidericher Geschichtsgruppe um Beate Kortendieck und Kurt Walter-Kortendieck

Kurt steht am Ende seiner Schicht auf Ausfahrt von unter Tage in Schacht 4 der Zeche Westende an der Mühlenfelder Straße im Förderkorb. Unter seiner Jacke hat er wieder ein Mutterklötzken, denn er weiß: „Ohne Klötzken keine Liebe!"

Bild 21   Ein Bergmann von Schacht Westende (nach dem Genuss von Knüddelkes-Papp?)

Ein Mutterklötzken ist ein 15-30cm langes rundes Holzstück, das aus einem Grubenstempel herausgesägt wird. Der Kumpel umwickelt es mit Schießdraht und spaltet es mit seinem Grubenbeil. Die Ehefrauen und Mütter benutzen die Klötzkes sehr gern als Anmachholz, um die Deputatkohle morgens schnell zum Brennen zu bringen. Damit das problemlos funktioniert, suchen die Kumpel sich oft die besten astfreien Stücke heraus. Die sind meistens in der Mitte der noch unverbauten Grubenstempel. Manchmal wundern sich die Steiger, dass die eingelagerten 250 Stempel für eine 250m Strecke nicht ausreichen. Beim Nachzählen wird dann klar, warum.

Damit die Kosten nicht unnötig steigen, hat die Grubenverwaltung die Mitnahme von Grubenholz natürlich streng verboten. Die Pförtner sind angewiesen, die Kumpel am Werkstor an der Mühlenfelder Straße zu kontrollieren.

Vorsichtshalber hat Kurt sein Mutterklötzken schon in Zeitungspapier eingewickelt. Und tatsächlich, der Pförtner ist neugierig: „Na Kurt, wat hasse denn da unter de Jacke? Doch wohl kein Mutterklötzken?" – „Nee", antwortet Kurt, „dat is Karnickelfutter! Un wenn die Biester dat nicht fressen, dann wird et eben verbrannt!" Mit diesen Wort ist Kurt schon weiter, erreicht das Werkstor und geht nach rechts Richtung Untermeiderich. Er lässt einen verdutzt dreinschauenden Pförtner zurück.

Kurt kommt am Mutterklötzkestor vorbei. Das Zechengelände ist von einer außerordentlich hohen Mauer umgeben. Die Kumpel nennen sie Port Arthur, weil sie so unüberwindlich scheint, wie die des berühmten Sträflingslagers im australischen Tasmanien. In diese Mauer ist eine Bresche geschlagen worden, eben das Mutterklötzkestor. Hier wird aus alten Stempeln geschnittenes Brennholz gelagert, das sich die Frauen und Kinder der Bergleute dort wegholen können. Diese Klötzkes sind natürlich mit dem Mutterklötzken, das aus einem frischen astfreien Stempelstück gesägt und dann fachgerecht zu Anmachholz verarbeitet wird, nicht zu vergleichen. Ihnen fehlt auch der heldenhafte Schmuggelvorgang.

Kurt freut sich auf zu Hause. Bestimmt kocht seine Helga ihm heute Abend leckeren Knüddelkes-Papp. „Papp", also eine Art Milchsuppe, gibt es fast jeden Abend, genauso wie in vielen anderen Meidericher Familien. Es gibt verschiedene Arten von Papp: mit Reis, mit Grieß oder mit Sago, Buttermilchsuppe mit Rosinen, Papp mit Brot oder Hackepapp und eben Knüddelkes-Papp. Dafür werden aus Mehl, Zucker, Ei und etwas Salz „Knüddelkes" geknetet und in die kochende Milch laufen gelassen. Dann lässt man das Ganze aufkochen, bis alles schön sämig ist. Das ist Kurts Lieblingspapp.

Als er zu Hause in die Küche kommt, steht die Milch schon auf dem Herd und eine Schüssel mit Knüddelkes daneben. Kurt holt das Mutterklötzken unter seiner Jacke hervor, wickelt es aus dem Zeitungspapier und legt es behutsam neben den Herd.

Der Blick seiner Helga verrät ihm, dass er heute Abend auf mehr als Knüddelkes-Papp hoffen darf!

Vom Gerhardplatz in die Nationalmannschaft

Von Werner Maistrak

Der zweite Weltkrieg zeigte 1946 noch überall seine Spuren. Ganze Straßenfronten

lagen in Trümmern. So auch auf der Lösorter Straße, auf der nur noch wenige Wohnhäuser bewohnbar waren.

Hier lebte der 10-jährige Günter Preuß. MSV-Kenner bekommen strahlende Augen, wenn dieser Name fällt. Auf dem Gerhardplatz, auf einem ehemaligen und jetzt mit Trümmerschutt aufgefüllten Bolzplatz, begann seine Karriere bis hin zum weltbekannten Fußballer.

Alles, was sich in irgendeiner Form als Fußball eignete, angefangen von alten Dosen oder zusammen gepressten Stoffbällen, wurde über den Platz gedribbelt. Gespielt wurde in alten Straßenschuhen, die zigmal geflickt waren, teilweise sogar nur mit altem Draht zusammengehalten wurden. Irgendwann schenkte ihm sein Onkel einen Gummiball, und jetzt ging der Spaß erst richtig los. Fußball war zu der Zeit die populärste Sportart und ist es bis heute geblieben.

Schnell hatte sich um den jungen Günter eine Mannschaft gebildet, sogar einige Väter spielten mit. Auch in der Schule wurde jede freie Minute genutzt, zumal es hier einmal am Tag eine warme Mahlzeit, die berühmte „Schwedenspeise" gab. War es da verwunderlich, dass sich der MSV, der sich an der Westender Straße ebenfalls wieder langsam von den Kriegsfolgen erholte, auf diese jungen Fußballer aufmerksam wurde.

Eines Tages meldete sich der damalige Jugendobmann bei Günters Eltern und machte den Vorschlag den 11-Jährigen in die Jugendmannschaft Cl aufzunehmen. Sein erster Trainer war Wilhelm Hesselmann, und Günter Preuß schaffte es bis in die A1. Es dauerte nicht lange, und er wurde sogar Spielführer.

Ein Problem gab es nur in den ersten Jahren: Der ständig unter Wasser stehende Ascheplatz an der Westender Straße. Aber sie jammerten nicht, sondern versorgten sich bald mit Schaufel und Spitzhacke, um als Bauarbeiter durch den Bau von Sickerschächten ihren Platz trocken zu legen. Es kann wohl nicht zu Unrecht behauptet werden, dass diese jungen Fußballer der Grundstock für die später so erfolgreiche Zebramannschaft waren, die es 1963 sogar in die erste Bundesliga schaffte und in der so bekannte Namen wie Nolden, Lotz, Heidemann, Veersteg, Rausch, Krämer und Gecks auftauchten. Später kamen noch Pirsig, Bella und Müller dazu.

Aber zurück zu Günter Preuß: Der junge Meidericher Fußballer wurde schon bald in die Duisburger Jugend-Stadtauswahl berufen. Höhepunkt war dann 1955 die erste Auslandsreise nach Portsmouth, Duisburgs erste Partnerstadt in England. Mit 50 Mark Taschengeld ging es auf die Reise. Erstes Herzklopfen für die jungen Fußballer war dann der Einlauf in das 40.000 Zuschauer fassende Stadion. Ein Erlebnis, dass niemand je vergessen wird. Auch nicht die 15 mit dampfendem Wasser gefüllten Holzfässer in den Umkleidekabinen, in denen sie nach dem Spiel ein Ermüdungsbad nahmen. So etwas gab es in Deutschland noch nicht, und es dauerte noch einige Jahre bis das auch hier eingeführt wurde.

Für den jungen Meidericher vom Gerhardplatz folgten jetzt immer neue Berufungen, und bald gab es den ersten festen Vertrag für die 1. Mannschaft. Es gab 80 Mark Grundgehalt und eine Siegprämie, die in den nächsten Jahren oft fällig war.

Es folgten viele Jahre mit immer neuen Höhepunkten bis zum Aufstieg in die Bundesliga 1963/64. Dass die erste Spielzeit dann mit der Deutschen Vize-Meisterschaft abgeschlossen wurde, war die Krönung des jungen Fußballerlebens.

Bald stand der Name Günter Preuß auch in Sepp Herbergers berühmtem Notizbuch. Jetzt wussten auch Uwe Seeler und Franz Beckenbauer, wo Meiderich liegt.

Nachfolgend hier noch die beeindruckenden Stationen

Bild 22 Helmut Rahn (links) und Günter Preuß beim Training Mitte der 1960er Jahre

eines jungen Meiderichers, der mit dem Fußball vom Gerhardplatz aus die große Welt eroberte:

1948 - 1955 Jugendspieler beim MSV, Kapitän der C2, B1 und A1, Stadtauswahlspieler und Spieler in der Niederrheinauswahl der Amateure, 1956 bis 1967 über 450 Spiele in der ersten MSV-Mannschaft, davon 1961-1966 als Kapitän, 1957 in zwei Spielen Kapitän der Deutschen Jugendnationalmannschaft, 1966 mit dem MSV DFB-Pokalfinalist in Frankfurt.

1986 beschloss er seine aktive Laufbahn beim MSV als Manager und Jugendtrainer.

Erinnerungen vor einem nicht mehr vorhandenen Grab

Von Friedel Lubitz

Da stand ich im Jahr 2018 vor einer geharkten Fläche von 12 m². Hier musste das Grab meiner Mutter gewesen sein. Die rechte Hälfte des Grundstückes war angehäuft und auf der linken Seite wuchsen schon ein paar Gräser. Ich schloss die Augen. Die Stille, die mich auf dem Obermeidericher Friedhof umgab, tat mir gut. Aber dann rollte vor meinem geistigen Auge ein Film ab, der die Bilder der Beerdigung zeigte.

Freunde, Nachbarn, Verwandte und Bekannte standen um das Grab herum. Der Sarg wurde in die Erde gelassen. Ich hatte ein Einzelgrab für 40 Jahre gekauft, und die Aushebung passte genau zwischen dem Grab zur Linken und der Pappel zur Rechten. An der nächsten Wegbiegung standen noch drei Birken. „Die Pappel spendet im Sommer Schatten, die drei Birken dienen als Erkennungsmerkmal. So kann ich das Grab jederzeit wiederfinden", dachte ich noch. An den genauen Ablauf der Beerdigung im Jahr 1985 kann ich mich nicht mehr erinnern.

In den folgenden 20 Jahren pflanzte ich zu jeder Jahreszeit die passenden Blumen und Pflanzen. Nach den Regengüssen säuberte ich den Findling mit unserem Hausnamen. Dieser Stein war schon ein ganz besonderer Grabstein und war ein echter Hingucker.

Dann kam der Herbst. Das Grab war mit Pappel- und Birkenblättern zugeschüttet, und es dauerte Wochen, bis man die Sträucher und Pflanzen auf dem Grab wiederentdecken konnte.

Im Jahr 2005, nach einem strengen Winter, wurde mir bewusst, dass ich das Grab 20 Jahre gehegt und gepflegt hatte. Deshalb ging ich zum Friedhofswärter und fragte nach, ob ich den Vertrag nicht kündigen könnte. Es war kein Problem. Er schaute in seinem Computer nach und bestätigte mir die Aufhebung der Feld- und Grabnummer. Damit war für mich „der Fall" erledigt. „Darf ich ein letztes Mal noch am Grab Abschied nehmen?" fragte ich den Angestellten. „Aber natürlich. Erschrecken Sie aber nicht, wenn Sie zum Grab kommen. Im Herbst 2004 wurden die Pappel und die Birken gefällt. Das war per Gesetz erlaubt worden. Vor ein paar Jahren war das noch nicht möglich. Die Partei *Die Grünen* hatte sich in den 80er Jahren für ein Verbot, Bäume auf dem Friedhof zu fällen, stark gemacht. Deshalb können wir jetzt und heute das Grab ihrer Mutter freigeben."

Und so stehe ich selbst noch nach über 40 Jahren vor einer nicht vorhandenen Grabstätte. Die Erinnerung an meine Mutter bleibt weiterhin in meinem Kopf und in meinem Herzen bestehen – auch ohne Grab.

Das Wunder von Obermeiderich

Lektorat und Vortrag: Helmut Willmeroth
Idee: Hermann Fengels

Es muss so um 1880 herum gewesen sein, da bekam ein bekannter Meidericher Arzt Bescheid, dass er schnell nach Obermeiderich zu einem Bauernhof kommen solle. Dort stünde eine schwere Geburt ins Haus.

Sofort spannte er sein Pferd ein und machte sich auf den Weg. Als er nun auf dem Bauernhof ankam, kam ihm die junge Bäuerin lachend entgegen. Ganz verärgert sagte der Arzt: „Was soll das denn bedeuten? Ich denke, Sie liegen in den Wehen und nun laufen Sie hier munter herum und lachen mich aus? Warten Sie mal ab, das wird Sie noch teuer zu stehen kommen. Ich lass mich doch nicht von Ihnen an der Nase herumführen!"

Damit wollte er gleich wieder kehrt machen und zurück fahren. Doch die junge Frau sagte zu ihm: „Aber Herr Doktor, ich bin es doch nicht, die in den Wehen liegt. Das ist doch meine Schwiegermutter. Aber es ist schon alles vorüber. Die Hebamme ist noch bei ihr in der Kammer. Sie müssen nur noch nachsehen, ob alles in Ordnung ist. Sie ist ja auch nicht mehr die Jüngste."

Da staunte der Doktor aber und lief schleunigst in die Schlafkammer. Dort lag die alte Bäuerin, schachmatt aber überglücklich auf dem Bett und hatte das Neugeborene schon an der Brust.

Schnell untersuchte der Arzt die beiden und stellte fest, dass alles in bester Ordnung war. Er gratulierte der Frau noch und fuhr dann wieder nach Hause.

Acht Tage später wurde dann Kindstaufe gefeiert. Als die Taufe vorbei war, kam der Pastor zu der Frau und sagte: „Nun bin ich schon über vierzig Jahre Pfarrer, aber so etwas habe ich noch nie erlebt, dass eine Frau in Ihrem Alter noch ein Kind zur Welt gebracht hätte. Das ist ja direkt ein Wunder! Da können wir ja nur unserem Herrgott danken, dass alles so gut ausgegangen ist."

Da schaute ihn die Bauersfrau ganz treu an und sagte: „Ach was, Herr Pastor, das ist doch kein Wunder. Das müssen Sie als Pastor doch am besten wissen, dass, solange die Orgel noch spielt, auch die Kirche noch nicht aus ist!"

Der Hüter des Schatzes

Lektorat und Vortrag: Werner Maistrak
Idee und Erinnerungen: Helmut Willmeroth

Großer Bär, ein Häuptling der Tonkawa-Indianer, ist der Hüter des Schatzes im Silbersee in Karl Mays gleichnamigem Roman. Als Indianer aus dem Stamme der Utah durch einen geheimen Gang zum Schatz vordringen wollen, werden sie von Großer Bär entdeckt und getötet.

Deutlich friedlicher geht es auf dem Flur der zweiten Etage des Bezirksamtes Meiderich/Beeck zu, der hinten rechts mit dem Zimmer 207 endet. Die Besucherscharen sind auf dem Weg zu Helmut, genannt „Clemens" Willmeroth, dem Hüter des Schatzes von zuletzt nahezu fünf Jahrzehnten Sport- und Kulturgeschichte des Bezirks.

Dieses Archiv zur Vergangenheit der mehr als 100 Kultur- und Sportvereine, um die sich Clemens zu kümmern hatte, fristet sein Dasein nicht wie bei Archiven oft üblich im Keller des Gebäudes, wo sich Asseln ein Stelldichein geben, sondern auf Augenhöhe mit dem Büro des Amtsleiters.

Was gibt es da nicht alles zu sehen: Alt-Oberbürgermeister Josef Krings im Trainingsanzug, Alt-MSV-Präsident Dieter Fischdick mit verspäteter Elvis-Tolle, ein Plakat mit dem Konterfei von Rennfahrer Michael Schuhmacher, natürlich mit Autogramm, Wimpel, Urkunden, Anstecknadeln, Festschriften, Zeitungsausschnitte ... Keinen Quadratzentimeter seines 12qm großen Museums hat Clemens ungenutzt gelassen, einzig eine ca. DIN A4 große Arbeitsfläche in der Mitte des Schreibtisches scheint frei, bis, ja bis der Computer Einzug hält und genau diesen Platz besetzt.

In einer großen Zahl von Vereinen, deren Erinnerungen hier gesammelt sind, war Clemens, der Fußballer, der Schiedsrichter, der Marathonläufer, der Tänzer ... selbst aktives oder passives Mitglied, hat teilweise sogar in Vorständen mitgearbeitet. Mittelpunkt dieser Sammlung von Devotionalien ist wohl der MSV. Der größte Verein des Bezirks nimmt auch einen großen Platz in Clemens Herz ein.

Renovieren kann man diese Fundgrube natürlich nicht. Es gibt ja keine Wände, die schmutzig und gestrichen hätten werden können.

In einer Ecke hinter der Türe, also etwas versteckt, findet der Betrachter eine Sammlung zahlreicher Urkunden über Ehrenmitgliedschaften und Auszeichnungen, wie z.B. der Goldenen Ehrennadel des Stadtsportbundes, den Goldenen Hahn und nicht zuletzt das Bundesverdienstkreuz. Allesamt auf den Namen Helmut alias Clemens Willmeroth ausgeschrieben, allesamt, um Danke zu sagen.

Nach seiner Pensionierung musste Clemens natürlich sein Museum räumen. Vieles hat er verschenkt, vieles aber auch seiner Wohnung und damit seiner Andrea zugemutet. Vieles aber ist in Form einer Geschichte in die Bücher der Meidericher Hahnenfeder, deren Mitglied Clemens ist, eingeflossen und bleibt unter dem Titel *Damals in Meiderich* dem Stadtteil und seinen Menschen erhalten.

Bild 23   Helmut Willmeroth vor der "Tapete" an seiner Bürowand

Geht es allen Rentnern so?

Von Friedel Lubitz
Gedicht: Hermann Fengels

Haben Sie es schon gehört? Der Laumann ist jetzt in Rente. Wie hat er sich darauf gefreut, dass er nun endlich ausruhen könnte.

Doch da hat er sich schwer getäuscht,
jetzt wird er von seiner Frau gescheucht.
Den ganzen Tag wird er gejagt,
drum hat er mir sein Leid geklagt.
Er muss zum Bäcker Brot einkaufen
und dann noch zum Metzger laufen.
Geld abheben von der Bank,
denn seine Frau ist ständig blank.,
auch zu Plus und Aldi gehen,
an der Kasse Schlange stehen.
Obst vom Markt und auch Gemüs',
hier noch jenes, dort noch dies,
Illustrierte, zwei, drei Stück
und dann schnell wieder zurück.
Kaum ist er nach Haus gekommen,
wird er wieder drangenommen.
Fenster putzen, Teppich klopfen,
Wäsche waschen, Socken stopfen.
Hausflur schrubben, Betten machen
und diverse andere Sachen.
Keller fegen, Müll raustragen,
keine Widerworte wagen.
Statt zum Fußballspiel zu fahren,
muss er sein Enkelkind verwahren.
Abends noch ein Bierchen trinken?
Da ist gar nicht dran zu denken.
Kegeln gehen oder lecker essen?
Alles kann er nun vergessen.
Was an Freude ihm geblieben
hat seine Frau ihm ausgetrieben.

Von Pontius bis Pilatus rennt er,
er ist fürwahr ein armer Rentner.

Hier lasse ich jetzt das Gedicht von Hermann Fengels enden. Bei dem einen oder anderen Rentner mag der Ablauf ja so sein. Das Leben im Rentenalter ist ausgefüllter geworden und natürlich haben die Männer viele Aufgaben übernommen. Aber sie teilen sie auch mit ihren Frauen. Jeder bekommt seinen abgesprochenen Bereich. Was bleibt? HALBE, HALBE!

Und in diese Hälfte packen sie ein: Besuche, Freunde treffen, Hobbygestaltung und verbilligte Reisen. Besonders die pensionierten Lehrer profitieren davon: Keine überhöhten Preise, Sonderangebote bei Reisen per Schiff und Flugzeug, Hotels mit All inclusive, Wellness-Urlaub. Erholung pur. Und wenn sie das alles genossen haben, dann sind sie auch wieder fit für die Aufgaben des Alltags.

Stimmt es oder habe ich Recht?

Heinz-Schäffler – Motor der DJK Lösort Meiderich

Von Helmut Willmeroth

Auch in der Sportbewegung sind die echten Idealisten nicht allzu üppig gesät, aber es gibt sie! Männer und Frauen, die sich mit ganzer Tatkraft einsetzen und nahezu jede freie Minute zum Wohle ihres Vereins opfern.

Einer davon war Heinz Schäffler, der von 1959 bis 1999 als Erster Vorsitzender die Geschicke der DJK Lösort Meiderich mit allergrößtem Engagement lenkte.

Eine Verletzung zwang ihn früh zur Aufgabe des Fußballsports. Der Meidericher blieb dem Sport aber verbunden. Lange Zeit war er als Schiedsrichter im Amt und pfiff Fußballspiele der oberen Klassen. Im Hintergrund wirkte seine Frau Ingrid, die unter anderem die Trikots der Mannschaften wusch. Sportlich fit hielt sie sich in der Gymnastikgruppe des Vereins, noch bis heute.

Bild 24 Ingrid und Heinz Schäffler

Die Schäfflers heirateten sehr früh, Heinz war 21, Ingrid 16. Als so jung vermähltes Paar war es zu jener Zeit nicht ungewöhnlich, zunächst in einem gemeinsamen Zimmer bei den Eltern zu wohnen. Fünf Söhne – fast eine halbe Fußballmannschaft – sollten ihr Leben bereichern.

Zweiter Vorsitzender war Heinz Schäffler schon seit 1954, bevor er 1959 das Amt des 1. Vorsitzenden der DJK Lösort übernahm. Harte Zeiten standen an für seinen Verein, aus dem so bekannte Spieler wie Werner Krämer, Werner Lotz und die Gebrüder Bella hervorgingen, als die Sportplatzanlage an der Vossstrasse aufgegeben werden musste. Alle Kräfte mussten die „Jugendkraftler" 1962 aufbieten, bis eine behelfsmäßige Anlage an der Götterswicker Straße (jetzt Arnold-Dehnen-Straße) hergerichtet war.

Als die Krise kam, gingen bewährte Vorstandsmitglieder von Bord. So musste Heinz Schäffler noch weitere Funktionen im Vorstand übernehmen. Die Belange einer neuen Sportplatzanlage erforderten ein hohes Maß an zusätzlicher Arbeit, aber der Boss resignierte nicht.

Groß war dann die Freude, als im Herbst 1970 nach zweijähriger Bauzeit die Leo-Görtz-Kampfbahn an der Talbahnstraße durch den damaligen Duisburger Oberbürgermeister Arnold Masselter seiner Bestimmung übergeben wurde.

Heinz Schäfflers großes Engagement blieb auch überregional nicht verborgen: 1986 wurde er mit der Goldenen Ehrennadel des Stadtsportbundes Duisburg ausgezeichnet und 1990 verlieh ihm Bundespräsident Richard von Weizsäcker das Bundesverdienstkreuz am Bande.

Auch der größte Wunsch Heinz Schäfflers, ein Clubhaus auf der eigenen Platzanlage zu errichten, ging 1992 in Erfüllung.

Hautnah hatte Heinz Schäffler die Höhen und Tiefen der DJK Lösort Meiderich miterlebt. 40 Jahre stand er dem Verein vor und war Tag und Nacht erreichbar. Im Februar 1999 musste er seinen Vorsitz aus gesundheitlichen Gründen zur Verfügung stellen.

Heinz Schäffler starb am 5. Dezember 2004. Ihm zu Ehren wurde die Sportplatzanlage der DJK Lösort Meiderich 2008 in Heinrich-Schäffler-Arena umbenannt.

Als die kleine Martina mitspielte

Lektorat, Ergänzung und Vortrag: Dieter Lesemann
Idee und Erinnerungen von Heinz Lauter

Bei der in den 1970er Jahren vorherrschenden Begeisterung für den MSV ging ich als junger Lehrer des Max-Planck-Gymnasiums mit den Jungen meiner Klasse 5 einmal pro Woche nachmittags in den Meidericher Stadtpark, wo sie sich auf dem Bolzplatz richtig austoben konnten.

Eines Tages wurden wir dabei von einem kleinen eher schmächtigen Mädchen beobachtet, das dann durch ihren Nachbarjungen Björn, der zu der Fußballgruppe meiner 5. Klasse gehörte, fragen ließ, ob sie mitspielen dürfte.

Ich erinnerte mich sofort an eines der Frauenfußball-Nationalspiele in den 60er Jahren während meiner Studentenzeit in Marburg. Das Spiel wurde knapp gewonnen, wurde aber vom Publikum eher als Belustigung aufgenommen.

Ich war also recht skeptisch. Doch dann kam ich aus dem Staunen nicht heraus: Martina, so heiß die Kleine, umkurvte elegant meine Jungen wie Slalomstangen und schoss ein Tor nach dem anderen. Innerhalb der nächsten Stunde wurde ich vom Saulus zum Paulus und revidierte meine Meinung über Frauenfußball völlig.

Im nächsten Schuljahr kam Martina Voss, so heißt sie mit vollständigem Namen, dann zu uns ans MPG und durchlief problemlos ihre Schulzeit. Im Sportabitur war ich dann ihr Prüfungsvorsitzender. Ihr Prüfer war Fußballlehrer Klaus Quinkert von Bayer Uerdingen, der neben seiner Trainertätigkeit als Sportlehrer am Max-Planck-Gymnasium angestellt war. Martinas Endnote war natürlich ein „sehr gut".

Ihre sportliche Laufbahn haben wir MPGler selbstverständlich in all den Jahren mit Interesse und auch ein bisschen Stolz verfolgt. Zu ihrem ersten großen Turnier als Trainerin der deutschen Frauenfußball-Nationalmannschaft wünschen wir Martina Voss-Tecklenburg viel, viel Erfolg!

Bild 25   Martina Voss: Fußballerin des Jahres 1996

Martina Voss erste Station als Fußballerin war die DJK Lösort Meiderich. Dort spielte sie bis zur D-Jugend und wechselte dann zum KBC Duisburg, mit dem sie als 15-Jährige 1983 den DFB-Pokal der Frauen und zwei Jahre später ihre erste Deutsche Meisterschaft gewann. Sechs Mal gewann sie die Deutsche Meisterschaft und vier Mal den DFB-Pokal. 1996 und 2000 wurde sie Fußballerin des Jahres in Deutschland. Sie bestritt 125 Länderspiele für die deutsche Frauenfußball-Nationalmannschaft, wurde 1995 Vize-Weltmeisterin und gewann vier Europameisterschaften. 2003 beendete sie ihre aktive Laufbahn.

Weltmeisterin wurde sie dann als Trainerin der Frauenfußballmannschaft der Schweiz im Jahre 2015. Nationaltrainerin der Deutschen Frauenfußball-Nationalmannschaft ist sie seit 2018.

Wat üt en Meierksche Deern al wöde kan!

Der Lebensretter

Von Friedel Lubitz

Mein Religionsunterricht in Klasse 9 in der Bronkhorstschule bestand aus aktuellen Tagesthemen mit religiösem Hintergrund. Ich baute auch Wünsche der Schüler oder meine eigenen Ideen, die ich im Laufe der Jahre gesammelt hatte, in den Stoffplan mit ein. Manchmal hatte ich ein Lesestück in einem Buch gefunden, das ich dann zu einem Drehbuch mit den Schülern umschrieb und dann auf Super-8-Filmen oder später mit einer Videocam verfilmte.

Ich erinnere mich an den Schüler Ulrich L. Er war ein interessierter Schüler, der gerne diskutierte und mal konträre Meinungen äußerte. Dadurch entfachte er lebhafte Diskussionen im Unterricht. Solche Motivationen liebte ich. Ich legte den Schülern damals die Seligpreisungen aus der Bergpredigt vor, weil ich Wochen zuvor eine hervorragende Predigt in der Obermeidericher Kirche gehört hatte. Zunächst berichtete ich über den Kontext, damit die Schüler den Zusammenhang und den historischen Hintergrund erkannten.

Dann stellte ich die Frage: Welche Bedeutung haben diese Seligpreisungen heute? Und dann legte Ulrich los. Er störte sich besonders an dem Satzanfang „Selig sind..." Bedeutete selig etwa heilig? Weil in der katholischen Kirche manche Verstorbenen, berühmte Personen selig- oder heiliggesprochen worden waren? Ich verneinte: „Ersetzt die Worte ‚Selig sind' durch ‚Gerettet sind, die'...!" Und jetzt entstand wieder eine hitzige Diskussion. Die Unterrichtszeit reichte nicht aus, um zu einem Ende zu kommen. Die nächsten drei Religionsstunden waren durch dieses Thema ausgefüllt. Zu welchem Ende wir damals gekommen waren, entzieht sich heute meiner Kenntnis.

Meine Erinnerungen an Ulrich sind mit den Jahren verblasst. Seit seiner Schulentlassung haben wir uns aus den Augen verloren. Ich erfuhr über Ulrichs Lebensweg erst Ende Mai 2017, als ich seinen Vater traf. Er überreichte mir einen Text aus der Zeitschrift *Der Spiegel*. Nun konnte ich lesen, dass sich Ulrich dem Bundesgrenzschutz angeschlossen hatte.

Der Inhalt dieses Artikels lautete: „*Vor einem Jahr war der griechische Grenzort Idomeni ein Epizentrum der Flüchtlingskrise. Jetzt patrouillieren hier deutsche Frontex-Beamte. Sie sollen neue Grenzübertritte verhindern, sehen sich aber auch als Lebensretter.*"

Danach folgte ein seitenlanger Bericht über Ulrich L. und seinen Kollegen Volker J., über ihren Einsatz an der Grenze, über ihre Hilfen, wie sie Leben retten und schützen können. Dabei zeigte Ulrich sein Mitgefühl mit den Einwohnern des Landes. Er war auch schon im Einsatz im Kosovo und in Afghanistan. Er war die Arbeit in jedem Land mit der gleichen Vorsicht angegangen, damit sein eigenes Leben nicht gefährdet war. „Die Einsätze dauern immer nur acht Wochen", berichtete Ulrichs Vater. „Dann darf er zu seiner Familie in St. Augustin zurück, bis zum nächsten Abruf."

Ulrich ist allerdings aus der Kirche ausgetreten. Aber sein Grundgedanke „Leben retten" ist bis heute geblieben.

Schicksalstänze

Von Helmut Willmeroth

„Sehen wir uns am Samstag?" fragte mich Herbert am Donnerstagabend nach dem Fußballtraining bei der DJK Lösort. Herbert war – wie man so sagt – mein bester Freund. „Sich am Samstag sehen" heißt soviel wie die Tanzlokale abzuklappern und zu gucken, wo es hübsche Frauen aufzugabeln gibt. Unsere Favoriten waren der Tanzpalast „Okay" an der Monning und ein Tanzlokal in Büderich bei Wesel. In diesen beiden Tanzschuppen war die Erfolgsquote am größten. „Klar!" antwortete ich ohne zu zögern. „Holst du mich so um halb acht bei mir ab?" – „Geht in Ordnung!" rief Herbert und war schon Richtung Parkplatz unterwegs.

Als ich um halb acht am Samstag aus dem Fenster auf die Straße guckte, sah ich Herbert gerade aus seinem Mercedes steigen. Ich klopfte an die Fensterscheibe und gab ihm zu verstehen, dass ich runterkomme.

Unten angekommen, hielt mir Herbert seinen Autoschlüssel hin: Ich sollte fahren! Stolz wie Oskar steuerte ich den Mercedes zunächst Richtung Büderich. Darauf hatten wir uns geeinigt. In dem Tanzlokal war jedoch ‚tote Hose', so dass wir bald beschlossen, zur Monning zu fahren. Im ‚Okay' war ordentlich etwas los! Da ich beim Tanzen ein Frühstarter bin, dauerte es nicht lange, bis ich eine hübsche Blondine auf die Tanzfläche führte. Als ich nach dem Tanz wieder zu Herberts und meinem Tisch zurückkam, schwärmte ich ihm von meiner Tanzpartnerin vor: „Du, die kann absolut toll tanzen und lässt sich bei den Figuren unheimlich gut führen!" „Welche war das denn?" fragte Herbert äußerst interessiert, und ich zeigte unauffällig in ihre Richtung. „Beim nächsten Tanz fordere ich sie wieder auf", sagte ich und wartete darauf, dass die Musik wieder einsetzte. „Daraus wird nichts!" kündigte Herbert an. „Ich werde mit ihr tanzen!"

Ich zögerte, stimmte dann aber doch zu, zumal er mich mit einem spendierten Bier bestochen hatte. Es dauerte ewig, mindestens aber eine halbe Stunde, bis Herbert endlich von der Tanzfläche an unseren Tisch zurückkam. „Sie heißt Heidi", verkündete Herbert stolz, „und ich werde mich mit ihr verloben!" Ich war platt! Ich war sprachlos! So schnell?, dachte ich. „Wie verloben?" fragte ich Herbert, der aber schon wieder verschwunden war und die Tanzfläche mit Heidi unsicher machte.

Schließlich war es Mitternacht. Als wir wieder im Wagen saßen, sagte Herbert: „Du, Helmut, die werde ich heiraten!" „Du spinnst!" sagte ich. „Du kennst sie doch gerade erst einmal drei Stunden." Wir wetteten um eine Kiste Sekt. Nie werde ich eine Wette leichter gewinnen, dachte ich, und wir fuhren los.

Ich sollte mich irren. Herbert und Heidi heirateten tatsächlich einige Monate später auf dem Standesamt an der Weißenburger Straße. Es war wohl das, was man „Liebe auf den ersten Blick" nennt.

Da ich zu dieser Zeit noch als städtischer Angestellter in der Meldestelle tätig war, die gleich im Erdgeschoss unterhalb des Standesamtes lag, musste ich meine verlorene Wette kurzerhand in einem Nebenraum einlösen. Wer hätte das gedacht? Aber es sollte mir eine Lehre sein. Nicht wegen der verlorenen Wette, nein, sondern wegen der klugen Erkenntnis, dass man sich wegen eines lumpigen Bieres seine Tanzpartnerin nicht abschwatzen lässt.

Andererseits musste es aber wohl auch so sein. Denn man muss ja auch immer bedenken, was dann alles vielleicht nicht mehr hätte geschehen können.

1977 nämlich, auf einer Karnevalsveranstaltung in Beeckerwerth, lernte ich meine jetzige Frau Andrea kennen. Ich war mit meinem damaligen Freund Dieter dort. Als ich nach einem Tanz mit Andrea zum Tisch zurückkam, wollte Dieter mit Andrea zur Sektbar abdackeln und sie zu einem Gläschen einladen. Das wusste ich aber rechtzeitig zu verhindern. Denn schließlich hatte es auch bei mir gefunkt. Aus dem ersten Verknalltsein sind inzwischen mehr als 40 Ehejahre geworden.

Schreiner Bleckmann

Lektorat, Übertragung aus Meierksch Platt und Vortrag: Friedel Lubitz
Idee: Hermann Fengels

Der Schreinermeister Hermann Bleckmann aus Meiderich Berg war ein Großonkel von mir. Er hatte eine Bau- und Möbeltischlerei am Michelshof.

Onkel Hermann kam des Öfteren meine Großeltern besuchen und schüttete sein Herz aus. Wie wäre es doch so schwer, heutzutage eine Werkstatt aufrecht zu erhalten. Ach, wie musste er sich jeden Tag abstrampeln, damit auch immer genug Arbeit da wäre, und wie faul und frech doch heute die Lehrlinge wären, weil sie genau wüssten, dass man sie nicht schlagen dürfte, wie es zu seiner Zeit noch üblich war. Auch wären die Gesellen nicht mehr so, wie sie gewesen seien. Besonders dieser Hein Kröll, dieser Saukerl. Seine Arbeit machte er ja, aber saufen könnte er noch viel besser, und wenn er einen Weiberrock sieht, dann wäre er gar nicht mehr zu halten. „Über den Mistkerl ärgere ich mich noch kaputt", sagte Onkel Hermann, „dieser Schweinehund bringt mich noch ins Grab."

„Nein", antwortete mein Großvater, „das ist doch deine eigene Schuld, wenn der Kerl so wenig taugt, dann gib ihm doch einen Tritt in den Hintern und schmeiß ihn raus." „Nein, um Himmels Willen, so leicht wie du dir das vorstellst, so leicht geht das nun auch wieder nicht", sagte Onkel Hermann. „Ja, wenn er seine Arbeit nicht machen würde, dann eventuell, aber so weiß ich, was ich an ihm habe, was ich für ihn bekomme, das weiß ich noch lange nicht.

Es heißt ja nicht umsonst: Einen Bettnässer jagst du fort, einen Kackinsbett bekommst du dafür wieder. Auf Meierksch Platt heißt dieses Sprichwort: „Pesen't Bäd, jäägse fot on Drit en't Bäd kresse weer."

So waren sie nun mal, die alten Meidericher, immer ein kräftiges Wort auf den Lippen und nie besonders vornehm, aber dumm, das waren sie ganz gewiss nicht.

Bello hat Ärger mit dem MSV

Von Werner Maistrak

Und dann wurde es doch wieder aufregend. Immer wieder konnte ich feststellen: Wenn Papa Braun und Peter zusammen waren, wurde es schon mal laut, besonders wenn vom MSV die Rede war. Ich muss doch mal wissen, was ‚MSV' bedeutet.

Eines Tages war es dann mal wieder so weit. Herr Braun und Peter wollten wieder zum MSV, denn da war sicher etwas Aufregendes los, das konnte ich heraushören. Und dann sagte Peter etwas, das mir sofort alle Müdigkeit vertrieb: „Papa, wir können doch Bello mal mitnehmen, dann braucht er nicht immer nur Gassi zu gehen, und beim Training kann er ja keinen Blödsinn machen." Papa Braun knurrte noch etwas, aber dann durfte ich ins Auto springen und jetzt würde ich endlich erfahren, was dieser ‚MSV' eigentlich ist.

Wir erreichten schnell einen großen Platz und fanden auch bald eine Parklücke. Und dann sah ich viele Männer, die alle rund um einen Rasenplatz standen, auf dem andere Männer in farbigen Hosen und Hemden herumstanden. Bald hörte ich, wie jemand „Da kommt der Trainer!" rief. Dieses Wort hatte ich doch schon mal gehört. Ach, ja, das war in der Hundeschule. So hieß der Mann, der uns allerhand beibringen wollte.

Dann ging es auch los, denn die bunten Männer rannten erst um den ganzen Platz und machten so komische Verrenkungen, und die Zuschauer riefen ihnen immer etwas zu. Und dann kamen andere Männer, die große Taschen mitbrachten und einen Haufen Bälle ausschütteten, mit denen die Männer sofort anfingen zu spielen. Dabei rief der Trainer ihnen immer wieder etwas zu, das ich nicht begriff. Es waren auch so viele Namen, die ich noch nie gehört hatte. Ich wunderte mich bloß, warum sich die Männer die Bälle mit den Füßen und auch schon mal mit dem Kopf zuspielten. Das tat doch sicher weh.

Aber sie rannten mit dem Ball immer hin und her und versuchten dann, ihn in einen großen Holzrahmen zu schießen. Aber da stand ein anderer Mann und versuchte, die Bälle mit den Händen zu fangen. Warum die Leute aber immer wieder mal „Tor" schrien, kapierte ich erst nicht. Ein Tor, so wie ich es kenne, kann man doch immer zuschließen.

Bild 26   Bello, wie ihn sich der Autor vorstellt

Na, ist doch egal, denn jetzt wurde es auf einmal spannend. Ein Ball kam direkt auf mich zu geflogen, und da Peter mich nicht angebunden hatte, meinte ich, ich dürfte mitspielen. Mit der Schnauze konnte ich den Ball erwischen und rannte sofort damit auf den Platz. Und da kam noch ein Ball, den ich auch stoppen konnte.

Warum aber plötzlich alle Männer stehen blieben und schimpften, konnte ich nicht begreifen. Einer schrie sogar: „Was soll der Köter hier auf dem Platz? Schafft ihn weg!" Als dann aber auch noch wütend und laut schreiend Peter und Papa Braun zu mir gerannt kamen, wusste ich, die wollten gar nicht mit mir spielen.

Peter packte mich am Halsband und zog mich, immer noch schimpfend, vom Platz, um mich hinter den zuschauenden Männern ganz kurz anzubinden.

Ich wusste immer noch nicht, was ich falsch gemacht haben sollte. Die Männer jedenfalls spielten jetzt weiter, allerdings nur noch mit einem Ball. Mir hat es jedenfalls Spaß gemacht!

Nach zwei Stunden war dann Schluss, und wir fuhren wieder nach Hause. Papa Braun schimpfte immer noch etwas. Aber Peter nahm mich dann in Schutz und sagte: „Bello hat das doch nicht gewusst."

Bald waren wir wieder zu Hause, und ich verkroch mich mit meinem Gummiknochen, den ich letztes Jahr zu Weihnachten bekommen hatte, in meinen Schlafkorb. Ich schlief bald ein und träumte vom MSV.

Papa Braun und Peter fuhren bald wieder zum MSV, und als sie zurückkamen, stritten sie wieder. Worüber? Keine Ahnung!

Tanz der Vampire

Von Helmut Willmeroth

Mein Freund Herbert, den ihr schon kennen gelernt habt, war auch dabei, als es einmal in einem Leichenwagen zu einer Tanzveranstaltung ging.

In der Mercatorhalle in der Duisburger Innenstadt lockte wieder einmal eine Tanzveranstaltung. Wir waren sechs tanzlustige junge Männer aus Meiderich, hatten aber noch keine Ahnung, wie wir nach Duisburg kommen sollten. Einer von uns, der aus der Familie eines Bestatters stammte, hatte die rettende Idee: „Wir nehmen unseren Leichenwagen. Meine Eltern sind auf Kegeltour. Das merkt kein Mensch!"

Gesagt – getan. Zu sechst bestiegen wir den schwarzen Mercedes-Kombi mit seinen Scheibengardinen und dem mit violettem Samt ausgeschlagenen Innenraum und hatten unseren Spaß.

Auf dem belebten Parkplatz an der Mercatorhalle hielten wir an. Der Leichenwagen selbst sorgte schon dafür, dass viele Menschen stehen blieben und beobachten wollten, was da jetzt geschehen würde.

Nun, der Fahrer und der Beifahrer stiegen aus und öffneten die Hecktüren des Mercedes. Dort stand nicht etwa der von den Umstehenden erwartete Sarg, mit dem gleich irgendwo in der Nähe ein Verstorbener abgeholt werden sollte, sondern es sprangen vier quicklebendige, tanzwütige junge Männer aus dem Leichenwagen.

Einige unterdrückte Schreie waren zu hören, weit aufgerissene Augen zu sehen. Ungläubig verfolgten die Menschen den Marsch der Auferstandenen Richtung Mercatorhalle.

Vielleicht wollten sie ja zum „Tanz der Vampire"…

Wilhelm Lehmbruck - Meidericher Künstler von Weltrang

Von Werner Maistrak

Der am 4. Januar 1881 in Obermeiderich als Sohn eines Bergmannes geborene Bildhauer Wilhelm Lehmbruck machte den Namen Meiderich in der ganzen Welt bekannt, zumindest in der der Kunst.

In Paris schuf er 1911 die lange in der Kunstwelt umstrittene Skulptur „Die Kniende". Es war seine zweite Großplastik, und sie machte Wilhelm Lehmbruck jetzt weltweit bekannt. Schon früh wurde man auf das außerordentliche Talent des jungen Lehmbruck aufmerksam.

Er besuchte die Volksschule an der Carlstraße (heute Koopmannstraße). Die Meidericher Stadtverordnetenversammlung beschloss in einer Sondersitzung, ihm die Weiterbildung durch ein Stipendium zu ermöglichen. 1895 zog er nach Düsseldorf. Rasch machte er sich in der Kunstwelt einen Namen. Bereits 1907 stellte er in der Deutschen Kunstausstellung in Köln aus. Es folgten Ausstellungen in ganz Europa mit seinen bekanntesten Werken „Badendes Mädchen", "Mutter und Kind", „Die Stehende" und viele andere.

Bild 27 Wilhelm Lehmbrucks "Mutter mit Kind" aus dem Jahre 1907;
den Meiderichern gestiftet 1989

Am 25. März 1919 kam dann die für alle Kunstliebhaber unfassbare Nachricht, Wilhelm Lehmbruck sei durch Selbsttötung aus dem Leben geschieden. In einer großen Ausstellung in München 1921 wurde seiner mit der Präsentation von 43 seiner bekanntesten Werke gedacht.

An seinem Geburtshaus auf der Lehmbruck Straße 16 (Zu seiner Geburt hieß sie Oberhausener Straße. Das Haus trug die Nummer 76.) erinnert eine Metallplatte an Wilhelm Lehmbruck, und seine Skulptur „Mutter und Kind" steht auf der Von-der-Mark-Straße in Meiderich. Die nach ihm benannte Wilhelm-Lehmbruck-Realschule an der Bahnhofstraße ist heute die Filiale der Gesamtschule Meiderich.

Vom Tanzanfänger zur Deichelfe – eine Tanzgeschichte

Von Helmut Willmeroth

Als ich 20 war, also im Jahre 1966, begann ich in der Duisburger Tanzschule Paulerberg mit dem Tanzen.

Ich erinnere mich noch an meine erste Tanzstunde: Wir versammelten uns im Vorraum des Tanzsaales. Beim Gang in den Tanzsaal trennten sich dann die Geschlechter. Die Mädchen bzw. Damen gingen nach links, die Herren nach rechts. Man nahm Platz. Dann betrat der Junior der Familie, Tanzlehrer Harald Paulerberg, den Saal und eröffnete die Tanzstunde. Die tanzwilligen Herren spurteten los, um die bereits im Vorfeld ausgeguckte Dame von gegenüber zum Tanzen aufzufordern. Leider war ich an diesem Abend nicht der Sportlichste, und als ich die Sitzreihe der Damen erreichte, waren bereits alle Tänzerinnen aufgefordert.

Ich musste also wieder zurück auf die Männerseite. Gerade wollte ich mich wieder auf die Bank setzen und mich mit dem Schicksal abfinden, die erste Tanzstunde nur theoretisch verfolgen zu können, als ich dem Tanzlehrer auffiel. Der fand einen Tänzer, der bereit war, seine Tanzpartnerin mit mir zu teilen. Der Abend war gerettet, und ich konnte mit viel Freude alle Schritte, die an diesem Abend auf dem Programm standen, auf der Tanzfläche lernen.

Nach der Stunde war mein Kopf voll mit all den Eindrücken aus meiner ersten Tanzstunde und mit der Frage: Wie kann das alles in einem Kursus für Anfänger so schwierig sein? Na ja, vielleicht geht es ja jedem Anfänger so.

Bald wurde klar, dass man in der Tanzschule nicht nur die Schrittfolgen in den Standardtänzen, den latein-amerikanischen und den modernen erlernte, sondern auch die wichtigsten Benimmregeln. Hier einige Beispiele:

„Tanzen soll beiden Spaß machen. Tanzen Sie nur, was auch Ihr Partner kann."

„Bringen Sie als Herr die Dame nicht durch eine schlechte oder gar zweideutige Tanzhaltung in Verlegenheit!"

„Die Tanzfläche kann auch Tanzspiel-Platz sein. Wer sie jedoch zum Spielplatz der Eitelkeiten oder Zärtlichkeiten wählt, begibt sich in Gefahr. Und wer sich in Gefahr begibt ..."

„Nach einem Tanz begleitet man die Dame immer an ihren Platz und lässt sie nicht taktlos auf der Tanzfläche stehen."

„Beim Auffordern kann man die Dame natürlich mit einem Ruck vom Stuhl reißen. Aber gerade die nettesten lassen sich nicht gern als tanzbaren Gegenstand behandeln. Daher macht der Herr besser eine Verbeugung und macht mit den Worten ‚Darf ich bitten?' auf sich aufmerksam."

„Fordern Sie außerhalb der Tanzschule nur zu Tänzen auf, die Sie auch wirklich tanzen können"

Auch die Kleidung musste angemessen sein, Jeans und Turnschuhe waren verpönt. Mit dunklem Anzug und schwarzen Schuhen mit Ledersohle konnte man als Herr ebenso wenig falsch machen wie die Dame mit Kleid und Schuhen mit hohem Absatz.

Nun, niemand ist vollkommen oder wie man neudeutsch sagt: „Nobody is perfect", aber wer tanzen kann, passt in die Welt.

„Tanzen sieht gut aus, hält fit und bringt Spaß", sagt man. Ob das auch für meinen Abschlussball im November 1966 galt, bezweifele ich. Als wir gerade dabei waren, in den mit unseren Familien und Bekannten bereits besetzten Tanzsaal in Reih und Glied und im Gleichschritt einzumarschieren, rutsche ich auf den glatten Ledersohlen meiner schwarzen Schuhe aus und fiel so unglücklich, dass ich gleich mehrere meiner Abschlussball- Mitabsolventen umriss und mir einen hässlichen Bohnerwachsflecken auf dem rechten Knie meines schwarzen Anzuges einhandelte. Großes Gelächter im

Ballsaal! Einige wütende Gesichter bei den sich wieder aufrappelnden Tanzkolleg*innen.

Dafür und für den einen oder anderen Tritt auf die Schuhe meiner Tanzpartnerinnen muss ich mich heute entschuldigen. Das Tanzen hat aber auch positive Spuren in meinem Leben hinterlassen: Anfang der 90er Jahre meldete ich mich mit meiner Frau Andrea zu einem Tanzkurs an, den wir bis zum Goldkurs durchtanzten und blieben anschließend 12 Jahre lang in einem Tanzkreis.

Heute noch schwinge ich mein Tanzbein im Männerballett bei den Deichelfen der Karnevalsgesellschaft Rot Gold Laar.

Bild 28 Die Herren des Abschlussballs 1966 der Tanzschule Paulerberg. 9. v. links ist Helmut Willmeroth

Denk-Würdige Gedenkstätten

Von Friedel Lubitz

Wenn ich meine Spazierrunden durch den Stadtpark in Meiderich drehe, komme ich oft an einen großen Steinblock mit der Aufschrift „Paul Bäumer" vorbei. Von dem berühmten Sohn Meiderichs ist zu erzählen, dass er im 1.Weltkrieg Flieger war, nach diesem Krieg als Testpilot in Dänemark abstürzte und dabei ums Leben kam. Darum wurde ihm im Stadtpark ein Denkmal gesetzt. Über Paul Bäumer ist schon viel geschrieben worden. Deshalb erspare ich mir weiter zu berichten.

Bild 29   Das Paul-Bäumer-Denkmal im Stadtpark, gestiftet vom Meidericher Bürgerverein 1929

Ich mache auch andere Wanderungen durch Meiderich, immer mit der Absicht, ein schönes Foto zu schießen oder auch etwas Neues zu entdecken.

Eines Nachmittags bog ich von der Lakumer Straße links ab auf die Straße Unter den Ulmen Richtung Ruhrort. Weil die Sonne heiß auf mich herunterbrannte, schlurfte ich auf dem linken Bürgersteig, überquerte die Salmstraße und setzte meinen Weg gedankenverloren fort.

Plötzlich stolperte ich, hopste noch drei Schritte weiter und wäre fast gefallen. Aber ich fing mich. Ich wollte schon weitergehen, aber da wurde ich neugierig. Warum stolperte ich? Ich drehte mich um und sah hinter mir einen bronzefarbenen Stein in der Sonne glänzen. Ich ging zurück und entdeckte eine Inschrift auf diesem Stein. Da wurde mir klar: Ich war über einen Stolperstein gestolpert.

Stolpersteine sind festgehaltene Momente besonderer Menschen. Ich las: „Hier auf der Salmstraße wohnte Alfred Rutert, geb. 1899, verhaftet 1943, ins Zuchthaus Lüttringhausen gebracht, 1944 bei einem Bombenhagel ums Leben gekommen."

Ich war betroffen und wollte mehr über diesen Menschen erfahren. Von einer ehemaligen Kollegin erfuhr ich, dass Alfred Rutert versteckt, aber von einer Nachbarin „verpfiffen" worden war. Zur Erinnerung an ihn wurde der Stolperstein von der Heinrich-Böll-Hauptschule im Rahmen einer Unterrichtseinheit „Die Machenschaften des Hitler Regimes" gestiftet.

Es soll noch mehrere Stolpersteine in Meiderich geben, einen am Ende der Lösorter Straße. Diesen Stein habe ich gesucht und gefunden. Darauf stand: „Hier wohnte Elschen Harmel, geb. 1931, eingewiesen in die Heilanstalt Waldniel, ermordet 1943."

Von der eben erwähnten Kollegin hatte ich vorher eine ausführlichere Schilderung erfahren. Dieses Mädchen Elschen war mit einer Hirnhautentzündung auf die Welt gekommen, dadurch spastisch gelähmt. Im Rahmen des Euthanasie-Programms wurde Elschen ihren Eltern weggenommen und in die Psychiatrie eingewiesen. Die Belegschaft hat dann das Kind verhungern lassen.

Diese Steine sind ein Beleg für eine würdige Erinnerung an die düsteren Tage der deutschen Geschichte. Und diese Erinnerung soll in Meiderich nie vergessen werden.

Eine dritte Gedenkstätte fiel mir auf der Schlickstraße auf. An eine Laterne war ein DIN-A4-Foto gebunden, davor ein steinernes Herz mit der Aufschrift „Wir vermissen dich." Auf dem Erdhang zur Gartenanlage „Liebe die Scholle" waren Topfblumen eingepflanzt und eine Steckvase mit weißen Lilien stand daneben. Wer war dieser Mann? Wer pflegte die Stätte? Als ich die kleine Anlage fotografierte, kam eine junge Frau aus dem Gartentor auf mich zu: „Was machen Sie da?" Ich antwortete: „Ich fotografiere die Gedenkstätte eines unbekannten, aber geliebten Meiderichers. Wissen Sie etwas über den Verstorbenen?"

Jetzt erzählte mir die Frau, dass der Mann plötzlich bei seiner Rückkehr aus dem Hafengebiet mit seinem Fahrrad einen Herzinfarkt erlitten habe. Wer allerdings die Stätte pflegte, das wusste sie nicht.

Bei einem weiteren Spaziergang erzählte ich einer Nachbarin von meinem Erlebnis. Sie bestätigte die Aussagen der Gartenbesitzerin, und sie wusste auch, dass der Pfleger für den Minigolfplatz am Rande des Stadtparks arbeite. Aber gesehen habe sie ihn noch nie.

Als ich eines Nachmittages, eine Woche später, zum Minigolfplatz ging, kam mir ein Mann mit einer Gießkanne, einer kleinen Harke und einer Plastiktüte entgegen.

Ich sprach ihn an, stellte mich vor und fragte ihn dann, ob er zur Gedenkstätte gehen würde. Er nickte. Ich fragte ihn nach dem Toten, wie und wann der verunglückt war und in welchem Verhältnis er zu dem Mann gestanden habe. Er gab mir Auskunft.

„Das Foto zeigt meinen besten Freund. Wir haben uns immer gut verstanden. Wir hielten zusammen wie Pech und Schwefel. Einer war für den anderen da. Nur in dem Augenblick, als er auf seinem Fahrrad von einem Lastwagen erfasst wurde, da war ich nicht da. Vier Stunden lag mein Freund blutüberströmt am Straßenrand, bis ihn ein Spaziergänger fand. Der Lkw-Fahrer war einfach weitergefahren. Der Passant alarmierte sofort den Rettungswagen. Der brachte den Verletzten ins KWK. Aber jede Hilfe kam zu spät. Sämtliche Geräte wurden abgeschaltet. Mein Freund erlag seinen Verletzungen. Ich vermisse ihn sehr. Mit Bild und Blumen wollte ich die Erinnerung an ihn hochhalten."

So sind die Meidericher, wurde mir jetzt bewusst. Menschen, die sie lieben, halten sie nicht nur in Kopf und Herz in guter Erinnerung. Sie zeigen es auch ihren Mitbürgern und lassen sie an ihren Gefühlen teilhaben.

Eine Dose Sojabohnen in der Sporttasche

Von Helmut Willmeroth

Sechs Meter und sechzig zeigt das Bandmaß, als Oswald „Ossi" Wiebold 1938 an den Niederrhein-Meisterschaften im Weitsprung teilnimmt. Damit erreicht er Platz 1 und ist Niederrhein-Meister. Doch die Hoffnung auf eine glanzvolle Leichtathletik-Karriere ist nur kurz. Noch keine 19 Jahre alt, wird Ossi Wiebold Soldat, und der Zweite Weltkrieg raubt ihm fünf seiner besten Jahre.

Nach dem Krieg arbeitet sich der Kämpfer Wiebold an seine früheren sportlichen Leistungen heran, nimmt an Kurzstreckenläufen bei Deutschen Meisterschaften teil und wird ein ausgezeichneter Staffelläufer. Er wird in die Verbandsmannschaft des Niederrheins berufen. Seine Geheimernährung, die ihn zu jedem Sportfest begleitet, ist eine Dose Sojabohnen – sein Kraftfutter.

Sechzehn Jahre lang ist er aktiv, bevor er in das Amt des Leichtathletiktrainers wechselt, zunächst beim MTV Hamborn und schließlich - seit 1950 - beim Meidericher SV.

Vom Wasserturm jenseits des Schwarzen Weges aus hat er den besten Überblick, ob seine Schützlinge auch ohne seine Anwesenheit fleißig trainieren. Schließlich ist er Dienststellenleiter am Güterbahnhof Ruhrort Hafen und hat leichten Zugang zu diesem ungewöhnlichen Beobachtungsposten. Arbeit und Hobby liegen also buchstäblich dicht beieinander, denn unmittelbar zu seinen Füßen breitet sich, auf der Rückseite der Fußballplätze, das Leichtathletikgelände des MSV aus.

Nicht selten nimmt er sich Arbeit vom Wasserturm mit hinunter an die Laufstrecke und Sprunggrube, um seinen Schützlingen ganz nah sein zu können.

Als später das eigene Tempo langsamer wird, begleitet er seine Leichtathleten auf dem Fahrrad und gibt seine Anweisungen.

Der bisweilen als Trotzkopf mit großem Eigenwillen bekannte Wiebold zerreißt sich in den 35 Jahren als Trainer für seinen Sport und die ihm anvertrauten Menschen. Wenn andere Urlaub machen, steht er schon frühmorgens mit Stoppuhr und Bandmaß auf dem Trainingsplatz.

Bei den Schulbezirksmeisterschaften der Schulen im Wedau-Stadion sitzt Ossi Wiebold regelmäßig auf der Tribüne und schickt seine Kuriere mit blauen Briefumschlägen zu den Siegerinnen und Siegern der unterschiedlichen Wettbewerbe. Die wundern sich oft über die unerwartete Post und finden in den hastig geöffneten Kuverts Einladungen zum Leichtathletiktraining beim MSV. Auf diese Art und Weise hat er so manches Talent gefunden und zu großen Leistungen gebracht.

Bild 30   Ossie Wiebold, selten ohne Fernglas

Sind es am Anfang seiner Trainertätigkeit kaum mehr als fünfzig Sportlerinnen und Sportler, die zu den Trainingsstunden kommen, so sind es in den 1960er Jahren bald mehr als 400. Nicht selten ist in ganz Deutschland von den leistungsstarken Zebra-Leichtathleten die Rede. 1975 zum Beispiel holt Fritz Seiler den ersten deutschen Meistertitel im 20-km-Gehen nach Meiderich.

Zahlreiche Titel sollen folgen: Angelika Bittrich über 800m, Gisela Köpke über 400 und Heide Zirotzki über 600m, der Geher Herbert Staubach, der Deutsche Jugendmeister im Hammerwurf Helmut Penert, Mittelstrecklerin Bianca Theuss und Diskuswerferin Ulrike Wolters, um nur einige zu nennen.

Nicht alle Lorbeeren können Ossi Wiebold und der MSV für sich ernten, wechselt doch der eine oder andere Sportler zwischenzeitlich zu einem größeren Verein.

1987 stirbt Oswald „Ossi" Wiebold. Sein Nachfolger Dieter Wichert verhindert den Ausverkauf und das Ausbluten der MSV-Leichtathletikabteilung.

Glück gehabt! - Was ist eigentlich Glück?

Von Werner Maistrak

Sie trafen sich öfter im Stadtpark. Paul, schon weit über 80, und Hubert, etwa zehn Jahre jünger. Verabredet hatten sie sich nie, denn einmal musste Paul zum Arzt, dann Hubert, oder beide hatten keine Lust. Und so trafen sie sich meist zufällig - was für ein **Glück** - auf der Bank im Rosengarten.

Nach der Begrüßung und der Frage: „Wie geht es?" wurde dann die erste Viertelstunde über Krankheiten gesprochen, die man selbst **glücklich** überstanden hatte oder über ein Familienmitglied, das auch nach einer **glücklich** verlaufenen Operation wieder aus dem Krankenhaus entlassen wurde. Paul hatte noch seine Frau, die vor gar nicht langer Zeit eine schwere Krankheit **glücklich** überstanden hatte. Zum **Glück**!

Nach so viel **Glück** kamen dann die täglichen Begebenheiten, die zum **Glück** auch meist gut verliefen. Dann war Thema ‚Fußball' dran und natürlich der MSV, der am letzten Spieltag wieder mit viel **Glück** gewonnen hatte. Dann ging es weiter mit den eigenen Bekannten oder auch mit Freunden, die in letzter Zeit ja mit diesem oder jenem so viel **Glück** gehabt hatten.

Nach einer Stunde mit so viel **Glück** musste Hubert nach Hause. Er musste seine Tabletten einnehmen. Zum **Glück** ging es ihm dann immer wieder besser.

Bis zum nächsten Wiedersehen würde es dann etwas länger dauern, denn **glücklicherweise** hatte Hubert noch einen Platz in einem Bus für eine einwöchige Rundreise bekommen.

Paul blieb noch etwas auf der Bank sitzen und dachte über diese letzte Stunde nach.

Zum **Glück** hatte er noch etwas Zeit und fragte sich: „Was ist eigentlich **Glück**?" Denn in jedem Satz, der gesprochen worden war, kam das Wort **Glück** vor. **Was ist Glück wirklich?**

Paul dachte über sein langes Leben nach und fragte sich: Wann hatte er wirklich **Glück** in diesem langen Leben, dessen Anfang in einer sehr schwierigen Zeit lag?

Es war Krieg und sein Tagesablauf sah oft so aus: Sirenengeheul! Mit der Mutter und den Geschwistern - der Vater war schon seit langem in Russland verschollen - ab in den Luftschutzbunker! Und: Nach jedem Bombenangriff erst einmal nachsehen, ob das Haus noch steht. Falls ja: **„Glück gehabt!"**

Auch von einem Tieffliegerbeschuss auf dem Weg zur Schule ist außer der Erinnerung nur eine kleine Narbe im Nacken durch einen Bombensplitter geblieben. **„Glück gehabt?"**

Dann begann bald wieder eine bessere und friedlichere Zeit. Mit Schule besuchen und für ein zusätzliches Mittagessen auf dem Bauernhof helfen, vergingen die Tage und Monate. Auch der Vater hatte sich zwischenzeitlich wieder gemeldet: **„Wir haben Glück gehabt"**.

Dann begannen Lehrstellensuche und Ausbildung, Wohnungs- und Arbeitssuche. Paul gründete eine Familie. Wie oft hatte er in all dieser Zeit **„Glück gehabt!"** und wie selten eigentlich **„Pech gehabt!"** gesagt?

Paul ist alt geworden, der Familie geht es gut, und wieder sagt er: **„Welch ein Glück!"**

Natürlich hatte er auch schon mal andere Wünsche in diesem langen Leben. Er hat aber nie einen Lottoschein ausgefüllt und auch nie etwas in einem Preisausschreiben gewonnen. Er ist immer nach Vorschrift mit seinem Auto gefahren, er war nie in einen Unfall verwickelt. **„Glück gehabt?"**

Paul ist wieder **glücklich** in seiner Wohnung angekommen. Weiter sucht er nach Antworten auf die Frage, was denn **Glück** sei. In einem Lexikon findet er eine ganze Seite unter dem Stichwort „**Glück**", unter anderem den Eintrag: **„Glück ist ein positiver Umstand, sich positiv auswirkend."** Die Seite endete mit dem Begriff **„Glückszahl."** Er liest alles begierig und ist **glücklich**, ein solches Lexikon zu besitzen.

Bald wird er wieder in den Stadtpark gehen und mit etwas Glück **trifft er auch Hubert wieder.**

V In der Weihnachtszeit

Ein ganz normales Weihnachtsfest (1954)

Von Helmut Willmeroth

Wenn endlich der Totensonntag vorbei ist, beginnt bei uns zu Hause auf der Kochstraße 16 die Vorfreude auf Weihnachten. Zumindest in den Köpfen.

Erst in den Tagen vor dem ersten Advent gibt es erste Anzeichen auf das nahende Fest: Tut es der Kranz aus dem letzten Jahr noch einmal? Wird ein neuer gebastelt? Meine Mutter sondiert die entsprechenden Kartons im Keller, besorgt frisches Tannengrün, rote und goldene Schleifen und ungebrauchte rote Kerzen gibt es noch aus dem letzten Jahr.

Wenn das Weihnachtsfest näher rückt, werden die Fenster mit Lichterketten und selbst gebastelten Fröbelsternen festlich geschmückt. Und schließlich, wenige Tage vor dem Heiligen Abend, werden die Weihnachtsteller, von denen jeder aus der Familie einen bekommt, gefüllt: Obst und Nüsse, selbstgebackene Plätzchen und Spekulatius, Dominosteine und Lebkuchen, *Mon-Cherie*-Pralinen und Schokolade. Aber all das wird nicht irgendwie auf den Teller gelegt, sondern mit Liebe gibt mein Vater jeder der Süßigkeiten ihren besonderen Platz auf dem Weihnachtsteller.

Wenn der Tannenbaum gekauft ist, gehen meine Eltern wieder in den Keller. Meine Mutter sichtet die Kartons mit den Kugeln, dem Lametta und dem übrigen Christbaumschmuck, während mein Vater wie jedes Jahr schimpfend nach dem Christbaumständer sucht. Endlich findet er ihn und schnappt sich noch das kleine Beil und den Fuchsschwanz, um den Baum in den Ständer einzupassen.

Am Abend vor dem Heiligen Abend wird der Weihnachtsbaum dann in stundenlanger Kleinarbeit geschmückt. So, jetzt noch die roten und beigefarbenen Wachskerzen an ihren Platz und den großen Weihnachtsstern auf die Spitze des Baumes und … nicht zu vergessen … das Lametta! Erst einmal werden die Lametta-Fäden auseinander gepfriemelt und dann im Einzelakkord Silberfaden um Silberfaden in die Zweigspitzen gehängt.

Mein Vater stellt dann noch zum Abschluss die Krippe mit all ihren Figuren unter den Baum. „Schön!" denken alle und gehen daran, die schön verpackten Geschenke unter den Baum zu legen.

Für meinen Bruder Manfred und für mich ist das Weihnachtszimmer tabu. Vor dem Heiligen Abend dürfen wir es nicht mehr betreten. Die Neugier und die Versuchung sind natürlich groß. Wir riskieren den einen oder anderen Blick durch das Schlüsselloch. Hat das Christkind die Geschenke vielleicht schon auf das Fensterbrett gelegt?

Endlich! Es ist Heiliger Abend! Das Silberglöckchen klingelt! Mein Bruder und ich dürfen das Weihnachtswohnzimmer betreten. Wir sagen unsere Gedichte auf und können nicht verhindern, das eine oder andere Mal zu den Päckchen unter dem Baum zu schielen. Dann legt mein Vater die Schellack-Platte mit der Weihnachtsgeschichte auf, die wir uns alle zusammen anhören. Meine Geduld wird auf eine große Probe gestellt, denn nach der Weihnachtsgeschichte singen wir noch zwei Weihnachtslieder. Erst jetzt werden die Geschenke verteilt, Gott sei Dank zuerst an uns Kinder.

Bild 31   Weihnachten bei der Familie Willmeroth auf der Kochstraße

Später sitzen wir dann zusammen am Tisch, der mit dem Porzellan mit Goldrand und dem Silberbesteck gedeckt ist und auf dem einige kleine Tannenzweige liegen und eine Kerze brennt. Tante Helene und meine Oma Käthchen, die am Heiligen Abend bei uns zu Gast sind, sitzen mit uns am Tisch. Es gibt - wie jedes Jahr - Gänsebraten.

Nach dem Tischgebet langen wir ordentlich zu und erzählen uns Geschichten über die Missgeschicke, die in den letzten Jahren zu Weihnachten pas-

siert sind. „Wisst ihr noch, wie einmal beinahe das Radio in Flammen aufgegangen ist, weil wir nicht mehr an die Wachskerzen gedacht haben?"
„Wisst ihr noch, wie Tante Helene einmal Manfreds Weihnachtsteller, den Papa so toll dekoriert hatte, aus Versehen in eine Plastiktüte umgefüllt hat?"
Jetzt können natürlich alle darüber lachen.

Die Erwachsenen schütten sich noch ein Glas Wein oder Sekt ein und wir Kinder dürfen heute länger aufbleiben und noch mit unseren neuen Legosteinen, Zinnsoldaten und Schuko-Autos spielen. Schließlich ist ja Heiliger Abend!

Für den nächsten Tag haben sich Verwandte zu Besuch angesagt, auch Pastor Müggenburg will vorbeischauen.

Der Christbaum bleibt übrigens bis nach Silvester stehen und wird dann erst wieder abgeschmückt. Der Schmuck wandert zurück in die Kartons und selbst die Lametta-Fäden werden sorgfältig abgehängt und in kleine Kartons gelegt. Als ich meine Mutter frage, ob es nicht besser sei, das Lametta vorher zu bügeln, handele ich mir schon den ersten, aber nicht bös gemeinten Klaps für das neue Jahr ein.

Adeste fideles

Von Friedel Lubitz

Vorweihnachtszeit 1955. Mein Lateinlehrer Dr. Otte brachte uns 32 Schülern aus der Quarta auf dem Steinbart-Gymnasium einen Text mit. „Versucht den mal zu übersetzen. Wer als Erster fertig ist, hebt die Hand, ich komme dann zu ihm, und wenn alles richtig ist, bekommt derjenige eine Tafel Schokolade", so lautete seine Motivation.

Auf dem kleinen Papierbogen war folgender Text zu lesen: „Adeste fideles, laeti triumphantes venite, venite in Bethlehem. Natum videte regem angelorum. Venite adoremus Dominum." Die ersten Übersetzungsversuche hießen: „Seid da, treue Leute, kommt in Bethlehem, geboren und seht den König der Engel, kommt, wir wollen anbeten den Herrn."

Dr. Otte schmunzelte. „Das ist keine sinnvolle Übersetzung. Ihr habt nur wortwörtlich wiedergegeben", lautete sein Kommentar. Keiner gewann den Preis. Aber der Studienrat war auch nicht unzufrieden mit dem Ergebnis. „Der lateinische Text ist die Übersetzung zum deutschen Adventslied ‚Herbei o ihr Gläubigen'. Mit diesen Worten löste er das Rätsel auf. „Herbei o ihr Gläubigen, fröhlich triumphierend, o kommet, o kommet nach Bethlehem. Sehet das Kindlein, uns zum Heil geboren. O lasset uns anbeten, o lasset uns anbeten den König".

Wenn ich heute im Gottesdienst dieses Lied anstimme, dann singe ich den letzten Teil auf Latein: „Venite adoremus, dominum".

Im Jahr 2010 bat ich meinen brasilianischen Kollegen mir ein Advents- oder Weihnachtslied zu mailen. Und welches Lied erhielt ich? „Fieis caminhastes, vinde com alegria, bem-vindos, bem-vindos todos a Belem. Recem-nascido e o rei dos anjos. Bem-vindos adoremos nosso senhor." Die wörtliche Übersetzung lautet: „Gläubige, macht euch auf den Weg, kommt mit Freude, seid willkommen alle in Bethlehem. Seht, der Neugeborene ist der König der Engel".

Ein schöner Gedanke! Die gleiche Melodie, ein Lied mit ähnlichem Text, gesungen in der „alten" wie in der „neuen" Welt oder genauer in Rio de Janeiro sowie in Meiderich.

Die Geschichte vom Lametta

Lektorat und Vortrag: Helmut Willmeroth
Idee: Horst Weyrich

Weihnachten, das Fest der Feste,
das Fest der Kinder und der Gäste.
Hektisch geht es vorher zu,
von früh bis abends keine Ruh',
Ein Hetzen, Kaufen, Backen, Messen;
hat man auch niemanden vergessen?

So ging's mir, keine Ahnung habend,
vor ein paar Jahren Heilig-Abend,
der zudem noch ein Sonntag war.
Ich saß grad' bei der Kinderschar.
Da sprach mein Weib: „Tu dich nicht drücken,
du hast heut' noch den Baum zu schmücken!"

Ein Einspruch meistens mir nichts nützt,
hab kurz darauf ich schon geschwitzt:
Den Baum auf Zimmermaß gesägt
und in den Ständer eingelegt;
dann kamen Kugeln, Kerzen, Sterne,
Krippenfiguren mit Laterne.
Zum Schluss - ja Herrschaft-Donnerwetta!
Nirgends fand ich das Lametta!

Meiner Frau ward es ganz heiß
und sie sprach: „Jawohl, ich weiß,
voriges Jahr war's stark verschlissen,
drum haben wir es weggeschmissen.
Vergessen hab' ich, neues zu besorgen,
doch werden wir uns nachbarlich was borgen!"
Doch Nachbarn links, rechts, drunter, drüber,
keiner hat Lametta über!

Die Geschäfte sind geschlossen,
beide Eltern schau'n verdrossen.

Als Psychologe zu den Knaben
sprach ich: „Wir werden heuer haben
einen Baum, altdeutscher Stil,
weil mir Lametta nie gefiel."
Da gab es Tränen, Schluchzen, Heulen.
Ich tat mich drum sehr schnell beeilen
zu sagen: „Stoppt mir sofort das Gezeta,
ihr kriegt 'nen Baum mit viel Lametta!"

Trotzdem konnte ich nicht begreifen,
woher bekomm ich Silberstreifen?!
Als ich holte grad ein Messer,
las ich: "Hengstenberg-Mildessa".
So stand's auf Sauerkraut-Konserve.
Ich kombinier' mit Messerschärfe: Hier
ist die Lösung eingebettet,
das Weihnachtsfest, das ist gerettet!

Schnell den Deckel aufgedreht,
das Kraut gepresst, so gut es geht,
zum Trocknen einzeln aufgehängt
und dann geföhnt, doch nicht versengt.
Die trockenen Streifen, sehr geblichen,
mit Silberbronze angestrichen.
auf beiden Seiten Silberkleid;
oh freue dich, oh Christenheit!

Der Christbaum strahlt einmalig schön,
wie selten man ihn hat geseh'n.
Zwar roch's süß-sauer zur Bescherung.
Geruchlich gab's 'ne Überquerung,
weil mit Benzin ich wusch die Hände,
mit Nitro reinigte ich Hos' und Wände.

Vereint mit Räucherkerz und Myrthe
Gesamt-Odeur etwas verwirrte.
Und jedermann sprach still verwundert:
„Hier riechts nach technischem Jahrhundert!"

Acht Tage drauf: Ich döste fest und fester,
wieder Sonntag und man schrieb Silvester.
Da sprach mein Weib:
„Es kommen Schulzen, Lehmann, Meier,
heut Abend zur Silvesterfeier.

Wir werden leben wie die Fürstel,
ich gebe Sauerkraut und viele Arten Würstel."
Dann folgt ein Schrei, wobei entsetzt sie schaut,
sie stöhnt: „Am Christbaum hängt das Sauerkraut.
Vergessen hab' ich, neues zu besorgen,
doch werden wir uns nachbarlich was borgen."
Doch Nachbarn links, rechts, drunter, drüber,
Sauerkraut hat keiner über.
Die Geschäfte sind geschlossen,
beide Eltern schau'n verdrossen.

Und so ward ich wieder Retter,
holte vom Baume das Lametta.
Mit Terpentinöl und Bedacht,
hab' ich das Silber abgemacht.

Das Kraut dann gründlich durchgewässert,
mit reichlich Essig leicht verbessert;
dazu noch Nelken, Pfeffer, Salz,
Curry, Ingwer, Gänseschmalz.

Dann, als das Ganze sich erhitzte,
das Kraut, es funkelte und blitzte,
da konnt' ich nur nach oben flehen:
„Lass diesen Kelch vorüber gehen!"

Als das Sauerkraut serviert,
ist darin folgendes passiert:
Eine Dame musste niesen.
Man sah aus ihrem Näschen sprießen
tausend winzige Silbersterne.
„Mach es noch mal, ich seh' das gerne."

So rief man ringsum, hocherfreut,
doch sie, sie wusste nicht Bescheid.
Franziska Lehmann sprach zum Franz:
„Dein Goldzahn hat heut Silberglanz!"
So gab's nach dieser Kraut-Methode,
noch manche nette Episode.

Beim Heimgang sprach ein Gast zu mir,
„Es hat mit gut gefallen hier,
doch wär' die Wohnung noch viel netter,
hätt'st Du am Weihnachtsbaum Lametta!"
Ich konnte da gequält nur lächeln
und frische Luft mir noch zufächeln.
Ich sprach und klopfte ihm aufs Jäckchen:
„Gleich morgen kauf ich hundert Päckchen!"

Bild 32   Lametta gibt dem Baum erst Pracht! Helmut Willmeroth und sein Bruder 1951 vor der Pracht! (Ob es nach Sauerkaut roch, ist nicht überliefert)

O du fröhliche…nicht nur zur Weihnachtszeit

Von Friedel Lubitz

Seit über mehr als 50 Jahren habe ich das Lied gesungen. Immer am Ende eines Weihnachtsgottesdienstes. Mit voller Orgelbegleitung und Posaunenklängen, bei der letzten Strophe Weihnachtsfreude pur.

Szenenwechsel

„O du fröhliche, oh du selige gnadenbringende Weihnachtszeit. Welt ging verloren, Christ ist geboren, freue, freue dich, oh Christenheit", sang ich mit Einheimischen und Touristen in einer kleinen Dorfkapelle in Österreich im Winter 1968, voller Freude und Inbrunst.

Szenenwechsel.

In späteren Jahren sang ich diesen Choral in der Wedauer Kirche, in der evangelischen Kirche in Obermeiderich und mit der Kantorei in der Friedenskirche in Hamborn. Und jedes Mal lief mir ein Schauer über den Rücken, ein Gemisch von Gefühlen mit Fröhlichkeit, Vorfreude und Erwartung. Gleich in welcher Gemeinde ich dieses Lied sang, waren die Gefühle noch intensiver. Ich glaubte sogar bei manchen ein Leuchten in ihren Augen zu sehen.

Szenenwechsel.

Ende 2017 las ich in der WAZ folgenden Text:

„Viele Kinder hatten 1813 aufgrund der Völkerschlacht von Leipzig und der Pestepidemie ihre Eltern verloren. Der Dichter und Theologe Johannes Daniel Falk nahm sich zusammen mit seiner Frau dieser Waisenkinder an, gab ihnen in Weimar ein Dach über dem Kopf und Bildung. Auch schrieb er für sie einen fröhlichen Text zu einer Melodie aus Italien.

Ursprünglich war *O du fröhliche* kein reines Weihnachtslied, sondern ein *Allerdreifeiertagslied*. Es sollte auch an Ostern und Pfingsten gesungen werden. So hieß die zweite Strophe ursprünglich: 'O du fröhliche, o du selige gnadenbringende Osterzeit! Welt liegt in Banden, Christ ist erstanden, freue, freue dich, Christenheit.' Heinrich Holzschuher, ein Gehilfe von Falk, übernahm die ersten Zeilen und dichtete 1826 die beiden anderen Strophen zu einem reinen Weihnachtslied um."

Irgendwie schade, dass sich das Allerdreifeiertagslied nicht durchgesetzt hatte. Ich würde es gern auch in Meiderich gesungen haben.

Mein schönster Weihnachtsbaum

Lektorat und Vortrag: Werner Maistrak
Idee: Hermann Fengels

Es ist reichlich dreißig Jahre her. Unsere Kinder waren verheiratet und aus dem Haus. Sie hatten ihr eigenes Zuhause.

Mein Mann erklärte kurz vor Weihnachten: „Dieses Jahr gibt's bei uns aber keinen Tannenbaum! Für uns zwei allein lohnt sich das nicht!" Darauf sagte ich: „Weihnachten ohne Baum ist kein Weihnachten, den müssen wir doch haben!" Mein Mann ließ sich auf nichts mehr ein, er würde keinen Baum kaufen.

Ich hatte bereits eine Gans gekauft, die Kinder würden am ersten Weihnachtstag zum Essen kommen. Die Gans hatte ich im Keller aufbewahrt, weil der schön kühl war. Als mein Mann dann am Heiligen Abend vormittags fragte, was es denn Weihnachten für ein Fleisch zu Mittag gäbe, antwortete ich nur: „Fleisch? Weihnachten? Wenn wir keinen Baum haben, haben wir kein Weihnachten! Dann gibt es auch keinen Weihnachtsbraten!"

Knurrig und brummend zog er sich an und ging um zwölf Uhr mittags los, einen Baum zu kaufen. „Die Weiber müssen doch immer ihren Willen haben!" hörte ich noch, als er wegging.

Mein Mann ging der Reihe nach zu all den Stellen, an denen vorher so viele Bäume verkauft wurden: bei Kilian vor der Tür, auf der Von-der-Mark-Straße vor der Kirche, und er war bei verschiedenen Gärtnern. Es waren keine Bäume mehr da.

Zum Schluss kam er am Haferacker vorbei und schaute dort auf den Hof. Gärtner Dehnen war gerade dabei, eine riesige Tanne zu zersägen. „Was willst du denn noch? Es ist gleich vier Uhr und Heiliger Abend!" schrie der meinem Mann zu. „Ich brauch noch eine Tanne!" kam die Antwort. „Da hast du aber Pech, ich hab' keine mehr!" und wollte weitersägen. „Aber was ist denn mit der da?" fragte mein Mann.

Gärtner Dehnen besah sich die inzwischen in drei Teile zersägte Tanne und meinte: "Damit kannst du keinen Staat machen. Das obere Drittel ist zu dünn und hat kaum Äste. Der untere Teil ist zu dick und zu breit. Vielleicht kann man aus der Mitte noch was machen." Die beiden beguckten sich das Mittelstück. Schön war das nicht gerade, aber wenn man die Zweige nach oben hin schmaler, also spitzer schneiden würde…

Der „Baum" wurde zurechtgeschnitten. Gärtner Dehnen nahm dafür kein Geld. Er grinste nur und meinte: „Kannst mir ja ein Foto davon bringen, wenn er geschmückt ist!" Mein Mann packte also die komische Tanne unter den Arm und kam damit nach Haus.

Ich guckte mir das Monstrum an und fragte: „Was ist das denn?" 'Wutschnaubend verschwand mein Mann im Keller und kam mit dem Christbaumständer wieder nach oben. Natürlich passte der Baum trotz Anspitzens mit dem Beil nicht in den Ständer. Der Stamm war viel zu dick. Also nahm meine bessere Hälfte einen Eimer und ging in den Garten, um Erde hineinzufüllen. War gar nicht so einfach, denn es hatte in der Nacht gefroren. Sein Frust wurde immer größer. Schließlich hatte er es aber geschafft, und der Baum war im Eimer „eingegraben".
Jetzt brauchte er nur nach geschmückt zu werden und sah dann schließlich noch ganz passabel aus. Er stand vor der Balkontür, dicht neben dem Wohnzimmerschrank.

Inzwischen hatte ich die Gans aus dem Keller geholt und bereits angebraten. Mein Mann kam schnüffelnd in die Küche und schaute in den Topf: „Seit wann hast du die?" „Och, seit zwei Tagen!" sagte ich. Er meinte: „Ich will mal lieber nicht sagen, was ich jetzt von dir denke!"
Kurz darauf kam ein Nachbar zu Besuch, sah die Tanne und schmunzelte. „Trinkst du einen Schnaps mit mir? Ich hab' einen nötig!" sagte mein Mann. Er wollte Gläser aus dem Schrank nehmen, und plötzlich neigte sich die Tanne ganz sacht zur Seite, und es sah aus, als würde sie umfallen. So fest stand sie wohl doch nicht, denn schließlich war sie nur an den Schrank gelehnt.
Erschrocken bog mein Mann die Tanne wieder gerade und holte ein Stück Kordel, mit der er den Baum an der Schranktür anband. Die beiden Männer rauchten noch eine Zigarette zusammen, und der Nachbar verabschiedete sich wieder. Gleich würden die Kinder kommen, da müsste man doch noch eben den Qualm hinauslassen. Ich machte die Balkontür auf - und der Baum kippte zur anderen Seite.
Mit einem schiefen Blick zu mir holte mein Mann noch ein Stück Kordel und band den Baum auch noch zur anderen Seite an der Türklinke an. In den nächsten Tagen kippte der Baum noch mehrmals, je nachdem, ob wir die Balkon- oder die Schranktür aufmachten. Und jedes Mal gab es ein schallendes Gelächter, besonders von unserer Jugend. In meiner Erinnerung war das mit Abstand mein schönster Weihnachtsbaum!

Jedes Jahr – ein „Bunter Teller"

Von Friedel Lubitz

Im Jahr 2004 bekam ich einen großen, leicht vertieften Porzellanteller. Dieser Teller war mit einem Goldrand und einem gedruckten Blattwerk verziert. In der ganzen Adventszeit war dieser Teller mit vielen Süßigkeiten bedeckt. Jeder aus der Familie durfte sich bedienen, aber die Leckereien mussten oder durften nur in Maßen vernascht werden. Denn eine Regel lautete: Süßes macht dick.

Der Einzige, der diese Regel brach, war ich. Jedes Mal, wenn der Teller leer war, wurde er von mir aufgefüllt: Mon Chéri, Ferrero Küsschen, Marzipankartoffeln, geknackte Hasel-, Erd- und Walnüsse, gebrannte Mandeln, Marzipankartoffeln, kleine Schoko-Nikoläuse, kurz gesagt, alles was aus Schokolade bestand und süß war. Schokoplätzchen, Spritzgebäck, Gewürz- und Mandelspekulatius lagen am Rand des Tellers. Aber auch Gesundes schmückte den Teller: kleine Weintrauben, Mandarinen, Clementinen und getrocknete Apfelringe. So sieht mein „Bunter Teller" auch heute noch aus.

Wenn ich an meine Kindheit zurückdenke, war alles ganz anders. Der „Bunte Teller" stand nur zu Weihnachten auf dem Wohnzimmertisch in Form eines Papptellers mit gewelltem Rand. Bedruckt war er mit Engelchen, Christbäumchen, Kerzchen und Sternchen. Dieser Teller war gefüllt mit den von meiner Mutter selbst gebackenen Plätzchen, mit Hasel- und Walnüssen ungeknackt, mit kleinen Äpfeln und Apfelsinen, gebündelten Schokoplättchen, sowie mit anderen Süßigkeiten, die meine Mutter im Konsum erstanden hatte. Neben dem Teller lag unter einem Abtrockentuch das Geschenk versteckt.

Ich erinnere mich, dass ich Jahre zuvor einen Schal und Fäustlinge oder Socken geschenkt bekam. Weihnachten nach meinem 10. Geburtstag stand ein etwas weniger gefüllter „Bunter Teller" auf dem Tisch. Ich ließ mir aber meine Enttäuschung nicht anmerken. Als ich um den Tisch herumging, stieß mein Fuß gegen einen mit einer Wolldecke verdeckten Gegenstand. Ich zog die Decke ab. Was entdeckte ich? Einen Akkordeonkasten. Ich fiel meiner Mutter um den Hals. Ein solches Instrument hatte ich mir schon immer gewünscht, nachdem ich das Buch „Die Familie Pfäffling" gelesen hatte. Frieder, so hieß einer der Söhne, spielte leidenschaftlich und in jeder freien Minute auf seinem Akkordeon.

Frieder – Friedel, solche eine Namensähnlichkeit forderte sozusagen das gleiche Instrument heraus. Ich muss den Wunsch auch im Laufe des Jahres ganz vorsichtig geäußert haben. Aber ich weiß es nicht mehr genau. Wie lange meine Mutter dafür gespart hat, habe ich nie erfragt, aber sie muss dafür wohl jeden Pfennig beiseitegelegt haben. Der „Bunte Teller" wurde zur Nebensache.

Das Akkordeon im Instrumentenkoffer – allerdings mit zwei defekten Tasten – stand bei mir bis zum November 2019 im Keller unseres Hauses. Inzwischen hatte ich jemanden gefunden, der mein Akkordeon reparieren konnte.

Die Schiffe tuten noch

Von Dieter Lesemann
Nach Erinnerungen von Rosemarie Hanke

Von meiner Geburt 1949 bis zum Jahre 1956 wohnen wir zur Untermiete auf der Schwabenruhrstraße in Meiderich. Es ist eng, denn wir haben nur zwei Zimmer: ein Schlafzimmer und eine Wohnküche.

Heute ist der 24. Dezember 1955. Ich hocke aufgeregt auf dem Rand des Ehebettes meiner Eltern und krame in der Zigarrenkiste mit meinen Glanzbildern. Ich entscheide mich für zwei wunderschöne Engel mit Glitter und lege sie auf das Kopfkissen meiner Mutter. Wie auf einer Wolke, denke ich.

Ich muss im Schlafzimmer sitzen, weil meine Eltern dabei sind, die Wohnküche zum Weihnachtszimmer zu schmücken. Ich bin gespannt, was wohl für mich unter dem Weihnachtsbaum liegen wird.

Es muss kurz vor sechs sein, denn endlich drückt sich meiner Mutter durch die sich öffnende Türe von der Wohnküche zu mir ins Schlafzimmer. Was jetzt kommt, kenne ich schon: Ich muss die Augen ganz fest zumachen und versprechen, dass ich nicht blinzele. Dann führt meine Mutter mich durch das Weihnachtszimmer auf unseren kleinen Balkon, wo schon mein Vater auf uns wartet. Im Hinausgehen zieht meine Mutter noch den Vorhang vor die Balkontüre.

Ich darf jetzt meine Augen öffnen, und unsere Blicke gehen in Richtung des Ruhrorter Hafens. Meine Mutter hat einen Arm um meine Hüfte, mein Vater seine linke Hand auf meine Schulter gelegt. Es ist natürlich schon dunkel. Ich schließe meine Augen einfach wieder. Und dann geht es auch schon los: Aus dem Hafen ist das Tuten vieler, vieler Schiffe zu hören. Jetzt muss es genau sechs Uhr sein. Die Binnenschiffer und ihre Familien tuten den Heiligen Abend ein!

Bild 33 Als die Schiffe noch tuteten ... Szene aus dem Meidericher Hafen um 1930

Es dauert eine Zeitlang, dann ist es plötzlich wieder ganz still auf unserem Balkon. Ich merke, dass ich immer noch meine Augen geschlossen habe. Jetzt öffne ich sie und drehe mich zur Balkontüre um, denn das Tuten ist mein Silberglöckchen. Durch den nicht ganz geschlossenen Vorhang sehe ich schon den hell erleuchteten Weihnachtsbaum.

1956 ziehen wir um in die Siegfriedstraße. Auch dort haben wir einen Balkon und gehen weiterhin an jedem Heiligen Abend um kurz vor sechs hinaus. Die Augen muss ich jetzt nicht mehr schließen, tue es aber manchmal trotzdem und taste mich hinaus und lausche dem Tuten der Schiffe.

Als ich 1987 mit meiner Familie in das Haus meiner Eltern, die inzwischen verstorben waren, in die Siegfriedstraße zurückkomme, ist unsere Tochter

Nina zehn Jahre alt. Mit ihr setzen wir die alte Tradition fort. Das Tuten ist inzwischen leiser geworden, aber es ist noch da.

Nach einigen wenigen Jahren aber verschwindet es völlig. Trotzdem gehen wir nach wie vor an jedem Heiligen Abend auf den Balkon. Inzwischen mit meiner zweijährigen Enkeltochter Karla. Sie hat die Augen geschlossen, und wir lauschen Richtung Ruhrort und hören die Schiffe nicht mehr tuten.

Nur, wenn es einen Augenblick ganz still ist, dann tuten sie noch in meiner Erinnerung…

Die HAHNENFEDER

... damals in Meiderich

unter dem Dach der Kulturwerkstatt Meiderich

bedankt sich recht herzlich für die finanzielle Unterstützung Meidericher Unternehmen (s. gegenüberliegende Seite).

Mit Ihrer Spende unterstützen Sie uns sehr bei den Herstellungskosten dieses Buches.

BURCHARTZ
Elektrotechnik

- Beratung
- Planung
- Installation

(0203) 44 40 25
www.elektrotechnik-duisburg.de

FRANZ SCHLÜTER
BESTATTUNGEN
Inh. Susanne Schlüter e.K.

Bahnhofstraße 181 · 47137 Duisburg-Meiderich

Tel.   0 203 - 44 58 09
Fax   0 203 - 44 69 88
www.schlueter-bestattungen.de

Malteser
KUCHLER
Apotheke

Alles Gute zur Gesundheit.

Unser Unternehmen bietet Ihnen mit einem kompetenten, flexiblen und kundenorientierten Team alle Leistungen rund um das Dach.

- Beratung und Planung
- Montage
- Wartung und Reparatur

Wir führen sämtliche Arbeiten an Dach und Wand aus.

info@hanzen.de   www.hanzen.de

**47137 Duisburg · Haferacker 19
Tel. 02 03/44 26 84 · Fax 43 53 21**

JESKE
GmbH

Heizung · Sanitär · Solartechnik
Planung & Energieberatung
Geprüfter Energieberater im SHK-Handwerk

Kanalstraße 14 · 47138 Duisburg
Telefon: 02 03/42 88 08 · Telefax: 02 03/42 08 72
Internet: www.jeske.de · E-Mail: info@jeske.de

Bild / Quellenverzeichnis

Bild-Nr.	Untertitel	Quelle
01	Die ‚Hahnenfeder' nach der Lesung mit Schüler*innen des ‚Kükenflaum'-Projekts	Hahnenfeder
02	Hermann Fengels	Hahnenfeder
03	Die Zeche Westende Anfang des 20. Jahrhunderts	Meidericher Bürgerverein
04	Über diese Brücke ist der Kaiser nicht gefahren: Die Aackerfährbrücke um 1905	Meidericher Bürgerverein
05	Werner Krämer vor Anpfiff des Pokalendspiels 1966	Helmut Willmeroth
06	Das Restaurant Viktoria in seiner ganzen Gebäudepracht	Meidericher Bürgerverein
07	Aus den Anfangsjahren des Hockeys in Meiderich	MSV Archiv
08	Der Meierk'sche Haan auf dem Weg nach Ruhrort	Meidericher Bürgerverein
09	Programmblatt eines ‚Haideblümchen'-Konzerts 1926	Meidericher Bürgerverein
10	Der Ingenhammshof um 1920	Stadtarchiv Duisburg
11	Peter Paul Weber: Kinder mit Drachen, 1950	Foto vom Gemälde: Dieter Lesemann
12	Die Südschule (heute Heinrich-Bongers-Schule) Anfang des 20. Jahrhunderts	Meidericher Bürgerverein
13	Fußballtor Marke Eigenbau	Helmut Willmeroth
14	Meidericher Kinder Ende der 1940er Jahre	Meidericher Bürgerverein
15	Die Brückelschule Ende der 1950er Jahre	Harald Molder
16	Der Wasserturm am Schwarzen Weg, erbaut 1910, abgerissen 1992	Meidericher Bürgerverein
17	Spielgeräte im Meidericher Stadtpark	Jason Susen

18	Der Schwarze Weg	Sophie Bleckmann
19	Fahrrad fahren in Meiderich	Lena Cop Ferdinand
20	Die A-Jugend des MSV: Niederheinmeister 1957 mit Ferdinand Philippi (Auf der Karte leider falsch geschrieben.)	Philippi
21	Ein Bergmann von Schacht Westende (nach dem Genuss von Knüddelkes-Papp?)	Geschichtswerkstatt "Die Ecke" Untermeiderich
22	Helmut Rahn (links) und Günter Preuß beim Training Mitte der 1960er Jahre	Helmut Willmeroth
23	Helmut Willmeroth vor der „Tapete" an seiner Bürowand	Helmut Willmeroth
24	Ingrid und Heinz Schäffler	Originalfoto: Ulla Michels, WAZ
25	Martina Voss: Fußballerin des Jahres 1996	www.zdf.de
26	Bello, wie ihn sich der Autor vorstellt	Werner Maistrak
27	Wilhelm Lehmbruch „Mutter mit Kind" aus dem Jahre 1907, 1989 den Meiderichern gestiftet	Originalfoto: Dagmar Grauel-Korn
28	Die Herren des Abschlussballs 1966 der Tanzschule Paulerberg (9. von links: Helmut Willmeroth)	Helmut Willmeroth
29	Das Paul-Bäumer-Denkmal im Stadtpark, gestiftet vom Meiderich Bürgerverein 1929	Meidericher Bürgerverein
30	Ossie Wiebold, selten ohne Fernglas	Helmut Willmeroth
31	Weihnachten 1954 in der Familie Willmeroth auf der Kochstraße in Meiderich	Helmut Willmeroth
32	Lametta gibt dem Baum erst Pracht! Helmut Willmeroth und sein Bruder 1951 vor der Pracht (Ob es nach Sauerkraut roch, ist nicht überliefert!)	Helmut Willmeroth
33	Als die Schiffe noch tuteten ... Szene aus dem Meidericher Hafen um 1930	Meidericher Bürgerverein

www.ingramcontent.com/pod-product-compliance
Lightning Source LLC
LaVergne TN
LVHW011955070526
838202LV00054B/4923